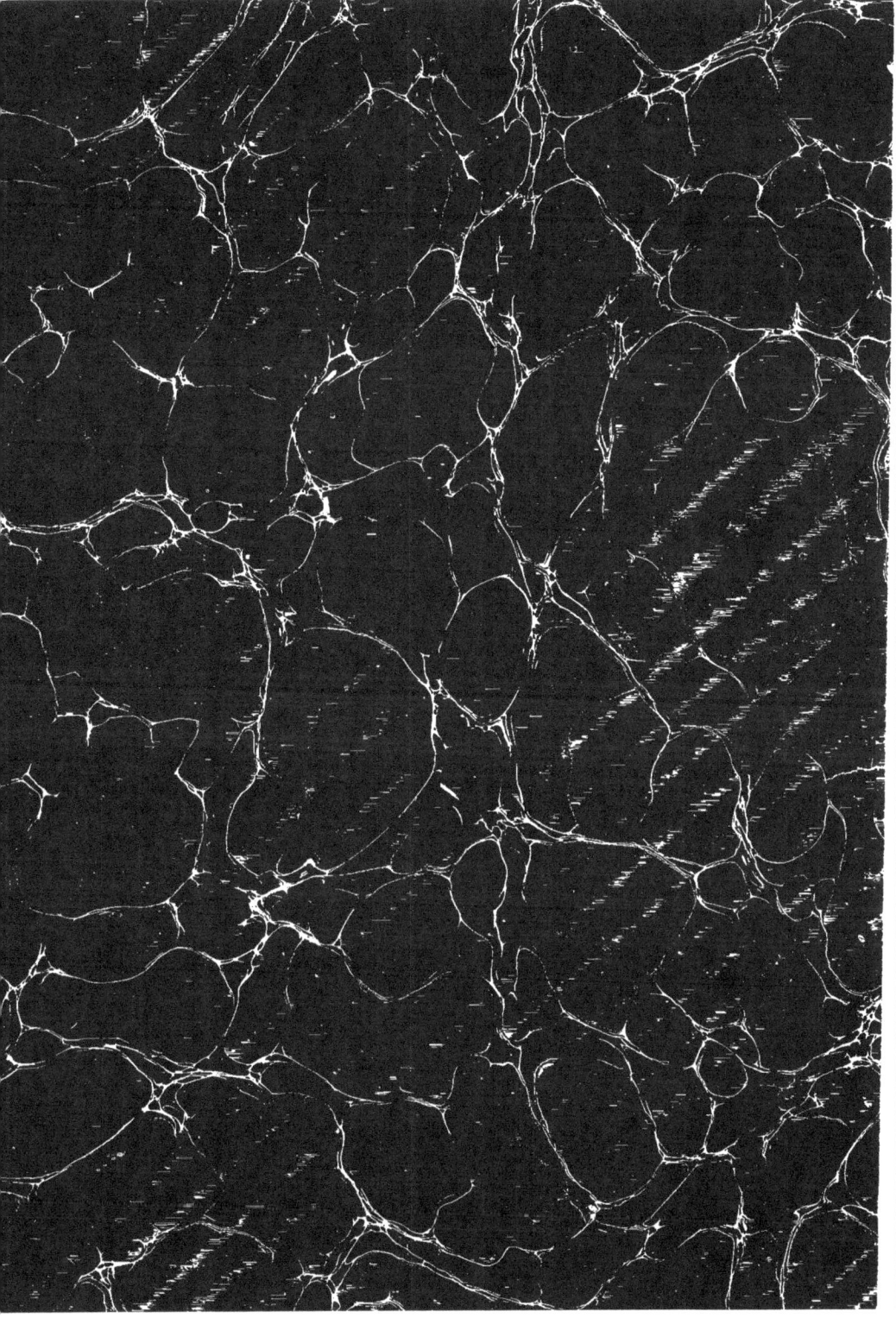

V

VIES ET OEUVRES

DES

PEINTRES LES PLUS CÉLÈBRES.

VIES ET OEUVRES

DES

PEINTRES LES PLUS CÉLÈBRES

DE TOUTES LES ÉCOLES;

RECUEIL CLASSIQUE,

CONTENANT

L'Œuvre complète des Peintres du premier rang, et leurs Portraits ; les principales Productions des Artistes de 2ᵉ et 3ᵉ classes ; un Abrégé de la Vie des Peintres Grecs, et un choix des plus belles Peintures antiques ;

REDUIT ET GRAVÉ AU TRAIT,

D'Après les Estampes de la Bibliothèque nationale et des plus riches Collections particulières ;

Publié par C. P. LANDON, Peintre, ancien Pensionnaire du Gouvernement à l'Ecole Française des Beaux-Arts à Rome, Membre de plusieurs Sociétés Littéraires, Éditeur des Annales du Musée.

A PARIS,

Chez L'Auteur, Quai Bonaparte, Nº 23.

IMPRIMERIE DE CHAIGNIEAU AINÉ.

AN XIV. — 1805.

SUITE

DE

L'ŒUVRE DE RAPHAËL.

AVIS DE L'ÉDITEUR.

J'ai annoncé dans le Prospectus de cet Ouvrage que chaque volume serait composé de 72 Planches, dont quelques-unes doubles seraient comptées pour deux, selon l'usage. Le nombre prescrit se trouve complété dans ce volume par 48 Planches simples, une quadruple (n° 125) et 10 Planches doubles. Ces dernières sont sous les n°ˢ 126, 127, 128, 129, 130, 131, 133, 149, 152, 153.

Mais afin que les Souscripteurs ne perdent pas de vue ce qui distingue les Planches doubles, puisqu'elles sont sans pli, je crois nécessaire de leur rappeler, comme je l'ai fait dans les volumes précédens, que l'Ouvrage avait d'abord été conçu et annoncé sous un plus petit format in-4°, où les Planches doubles eussent été pliées ; mais que depuis, pour éviter cet inconvénient, je me suis décidé à faire paraître ce Recueil, sans néanmoins en augmenter le prix, sous un plus grand format, qui permît de placer les Planches doubles sans les plier. Ce changement ajoute aux frais de l'éditeur ; mais comme il devait contribuer à l'agrément de l'Ouvrage, je n'ai pas hésité à l'adopter.

On remarque dans la Collection quelques Planches d'un travail moins détaillé, et même avec de légères incorrections ; mais je prie MM. les Souscripteurs d'observer que les ouvrages de Raphaël n'ont pas toujours été également bien traités par les Graveurs, sur-tout par quelques anciens, lorsque l'art de la gravure était encore dans l'enfance. Beaucoup de dessins ou tableaux originaux n'existent plus ; et des gravures, très-grossièrement exécutées, sont tout ce qui nous reste de ces compositions du Maître. Il a bien fallu s'y conformer, sans oser faire de très-grandes corrections, encore moins des additions. Cependant je puis assurer que si les Souscripteurs étaient à portée de comparer les Planches de ce Recueil avec celles qui ont servi de modèles, un grand nombre de celles que je publie obtiendraient la préférence pour la grâce des contours et la pureté des formes. Il y en a aussi quelques-unes dont on n'a pu indiquer l'origine, dont aucun catalogue ne fait mention, et sur lesquelles j'ai consulté sans fruit les Amateurs les plus éclairés. Heureusement le principal but de mon travail est la réunion des pensées de l'Artiste.

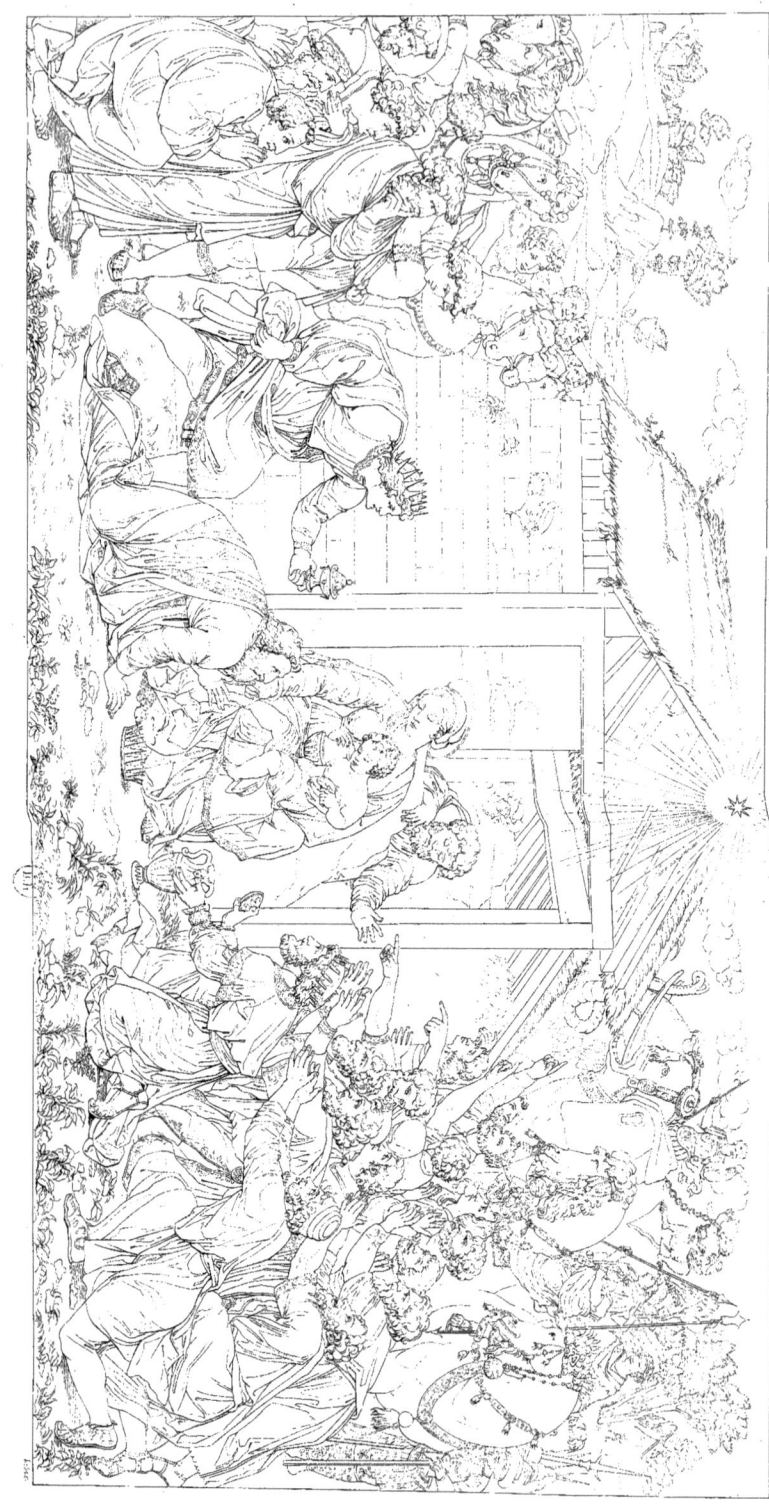

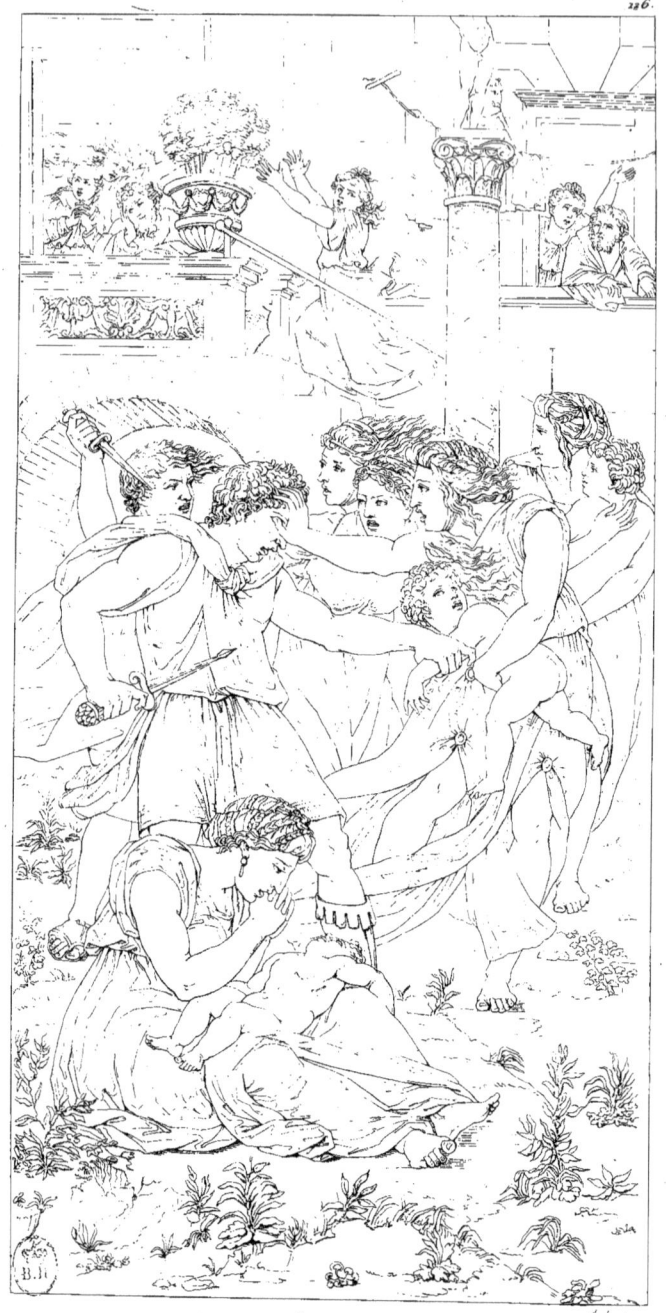

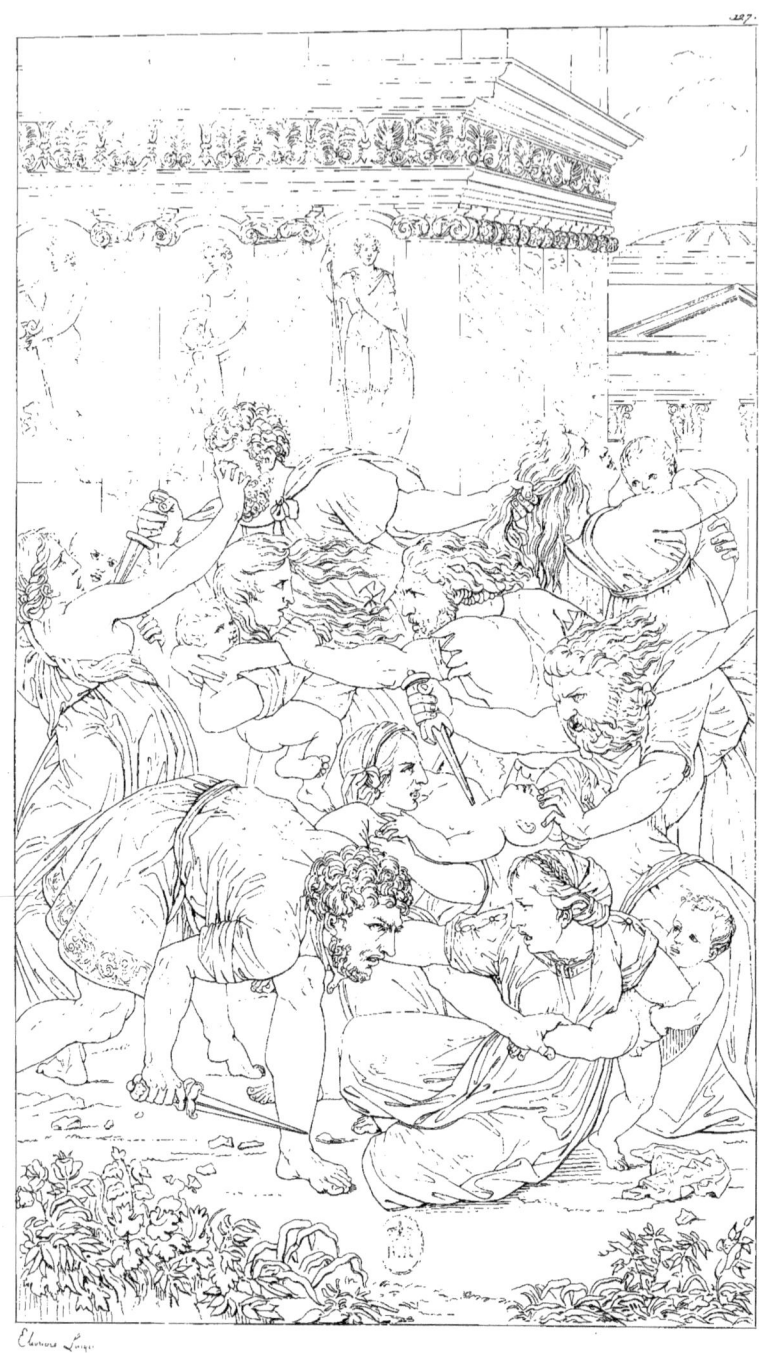

Elaborato Luigi

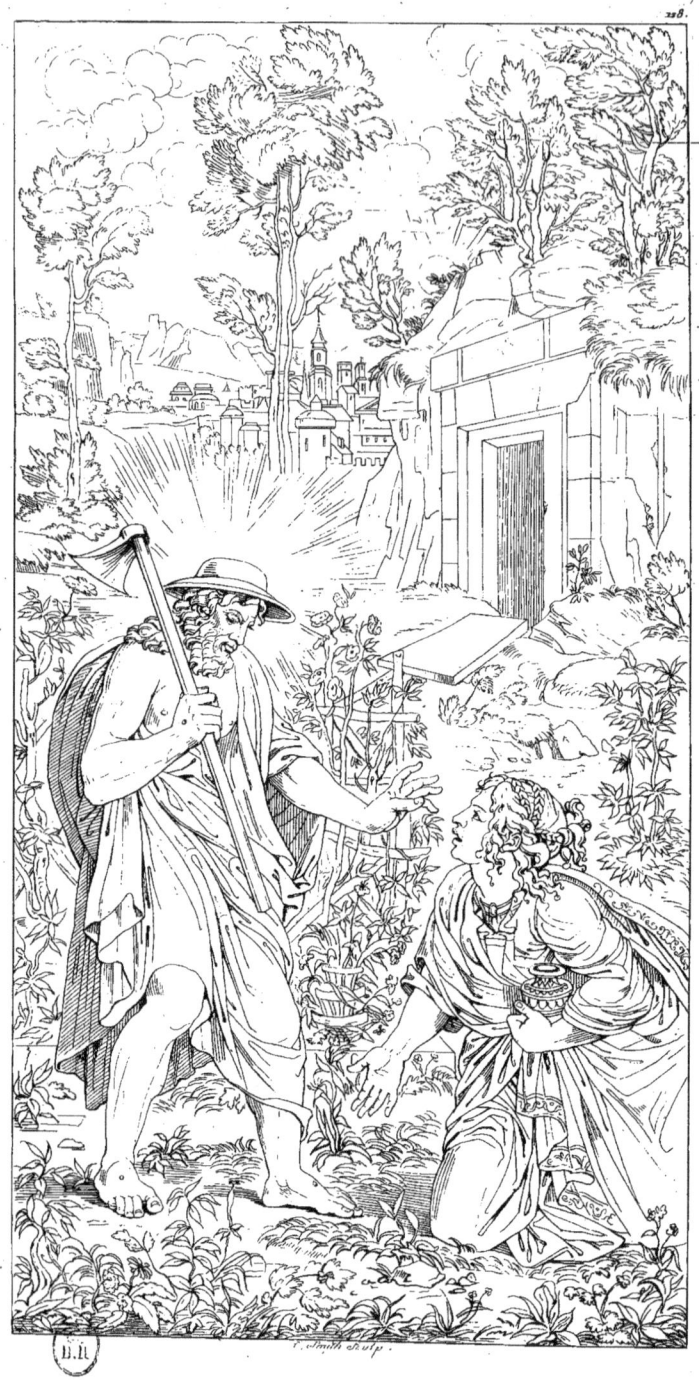

T. Smith Sculp.

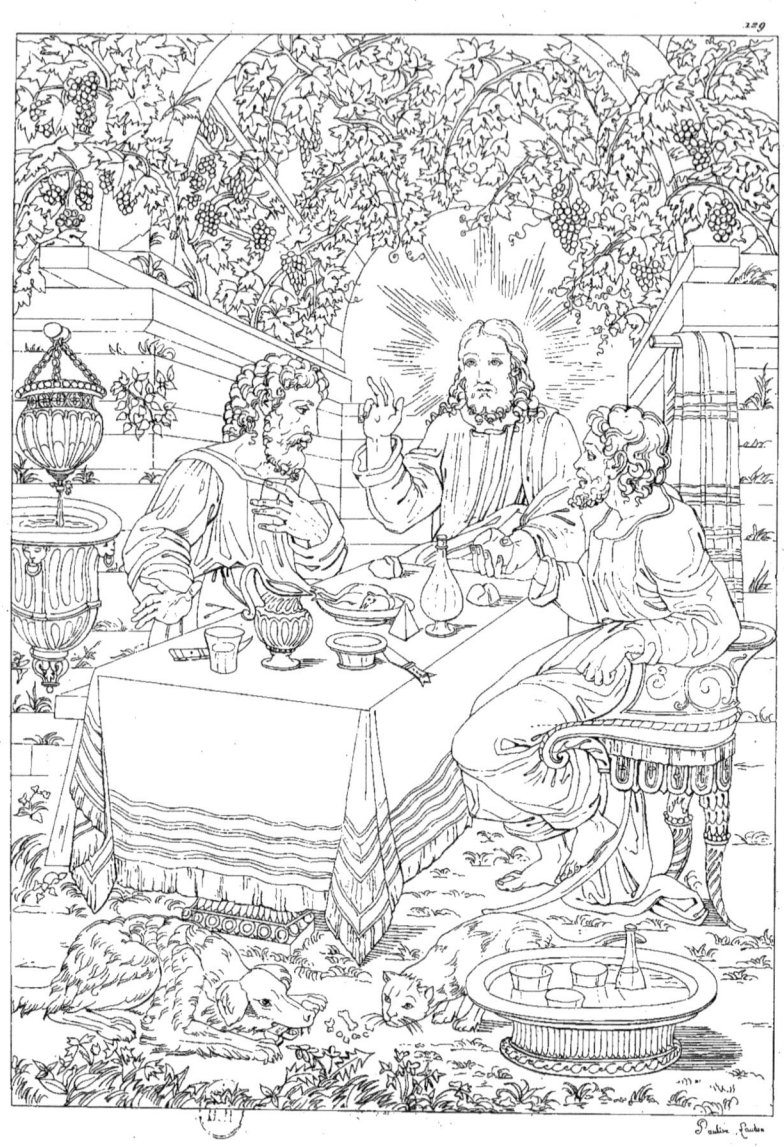

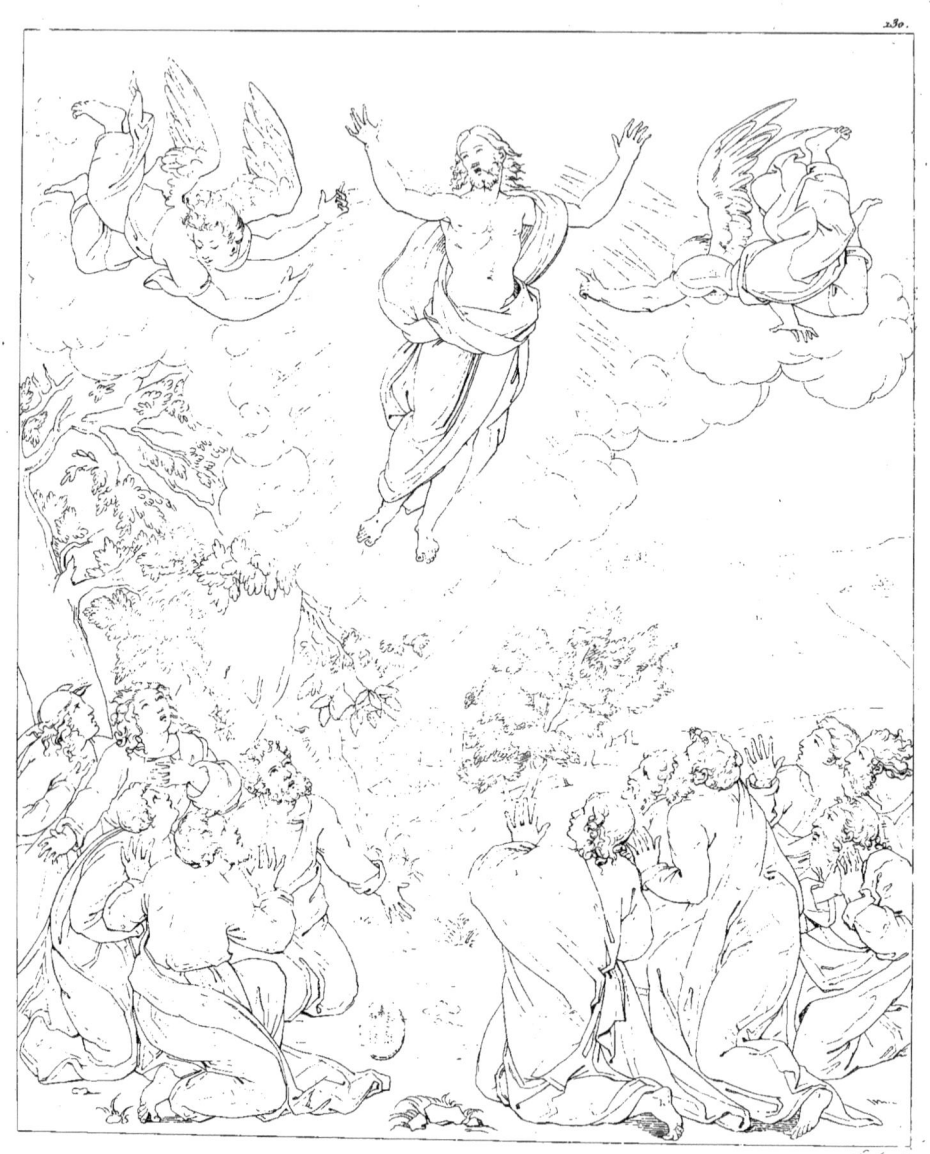

Le bas sc.

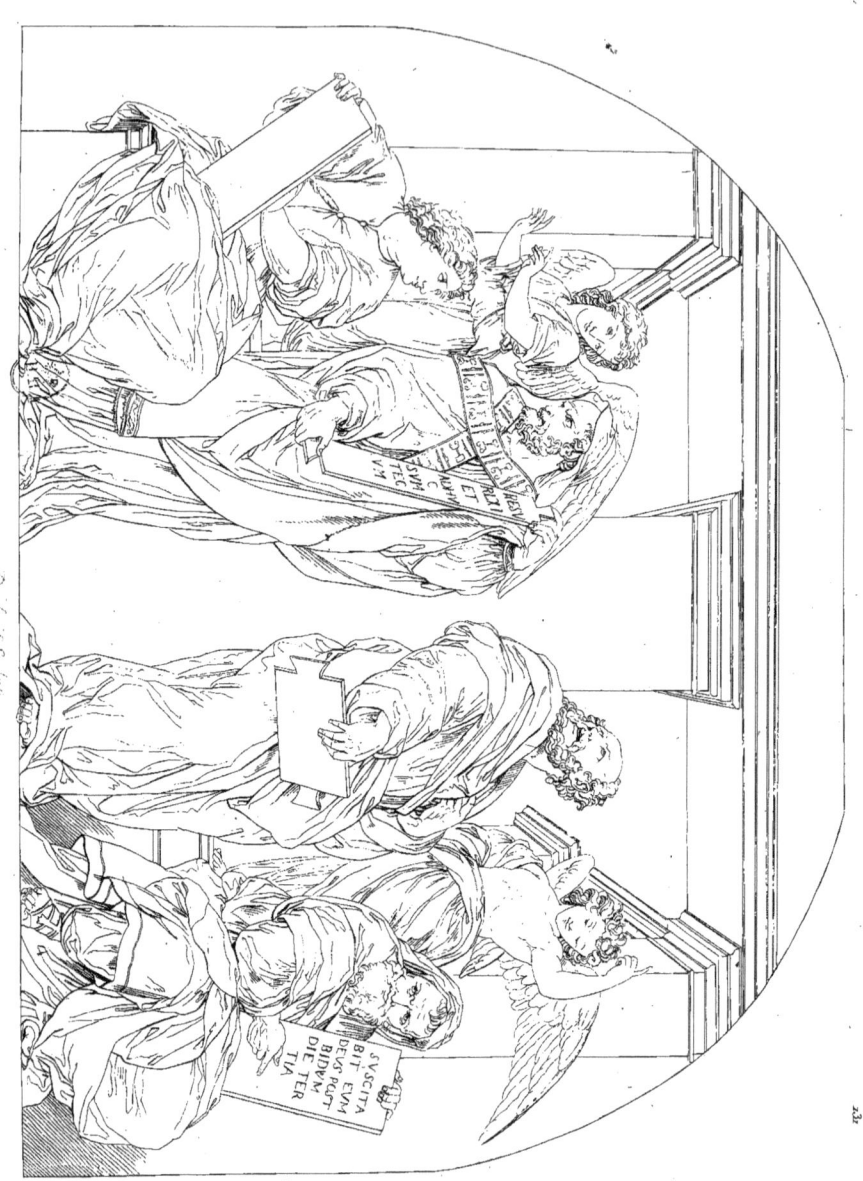

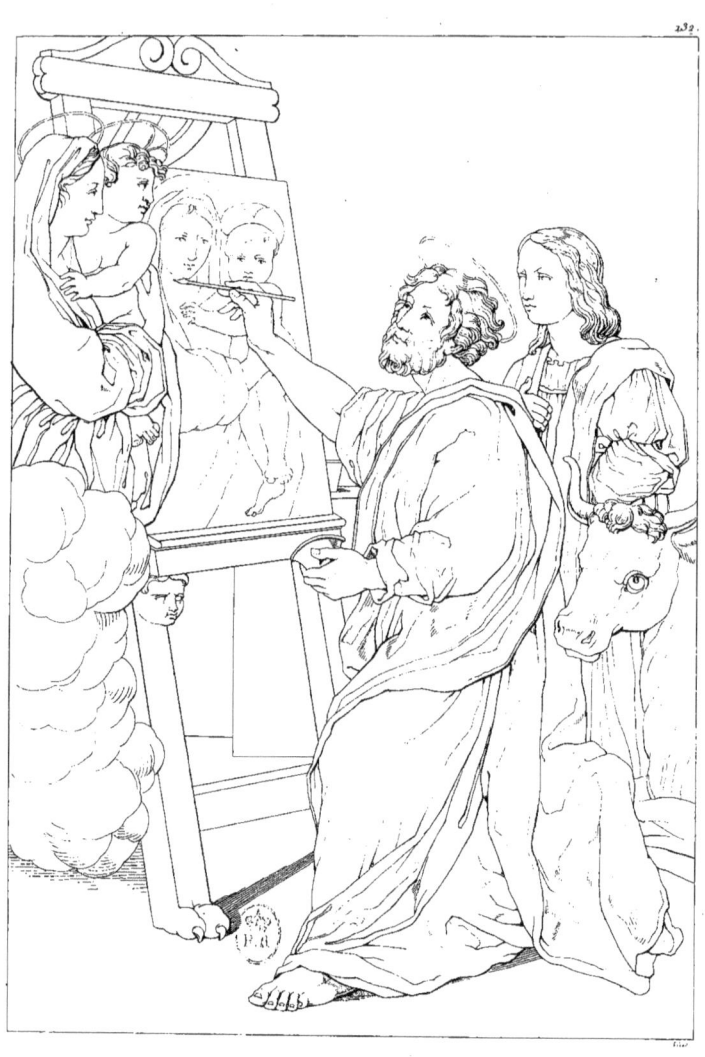

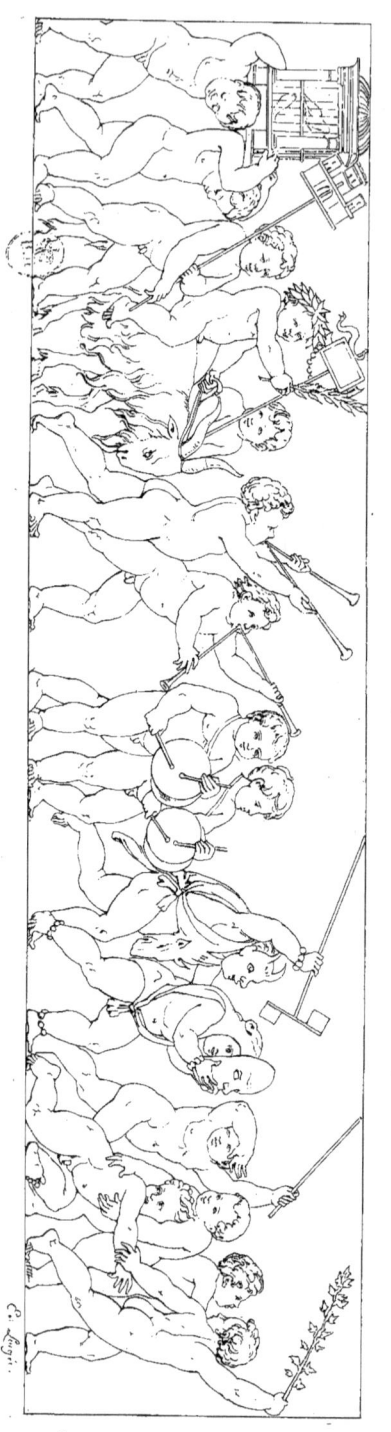 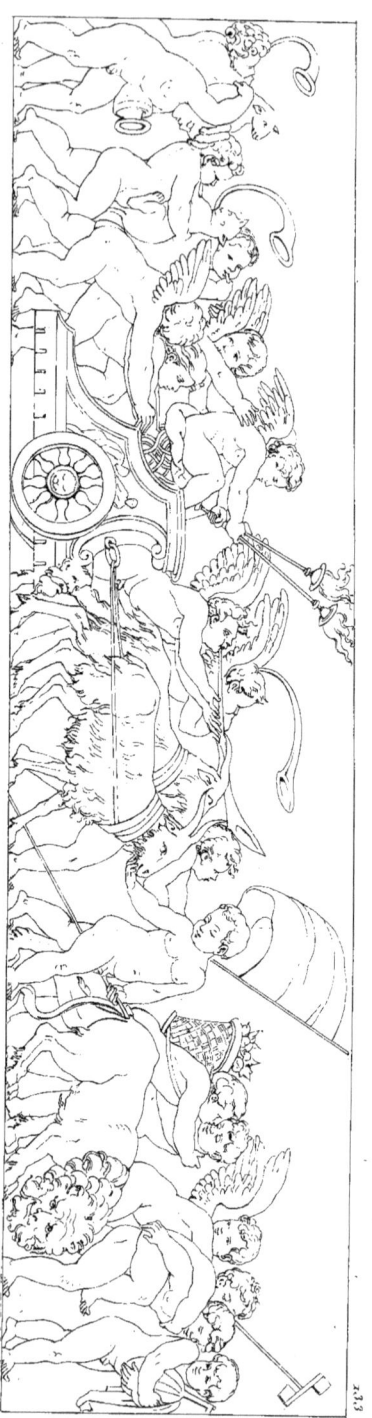

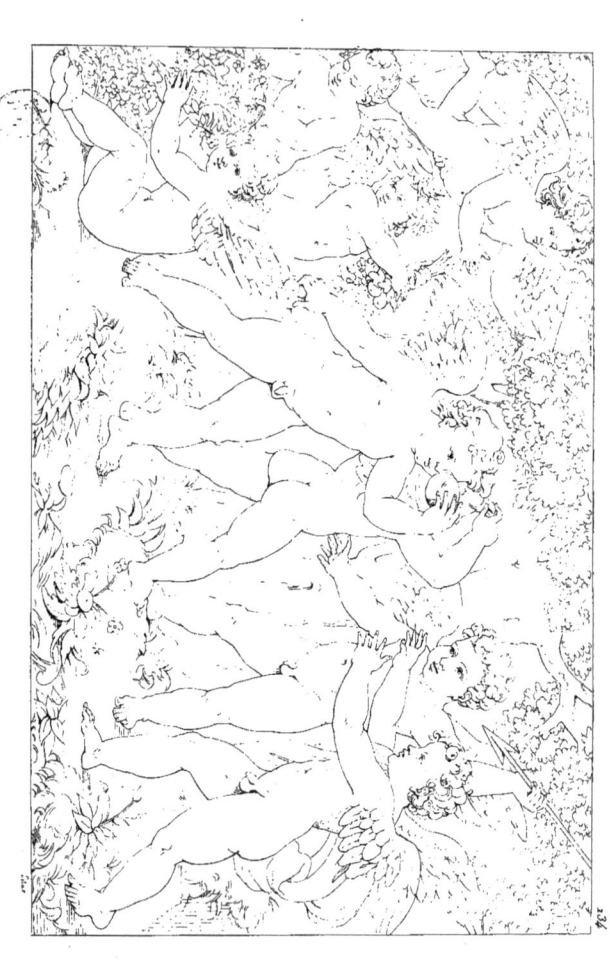

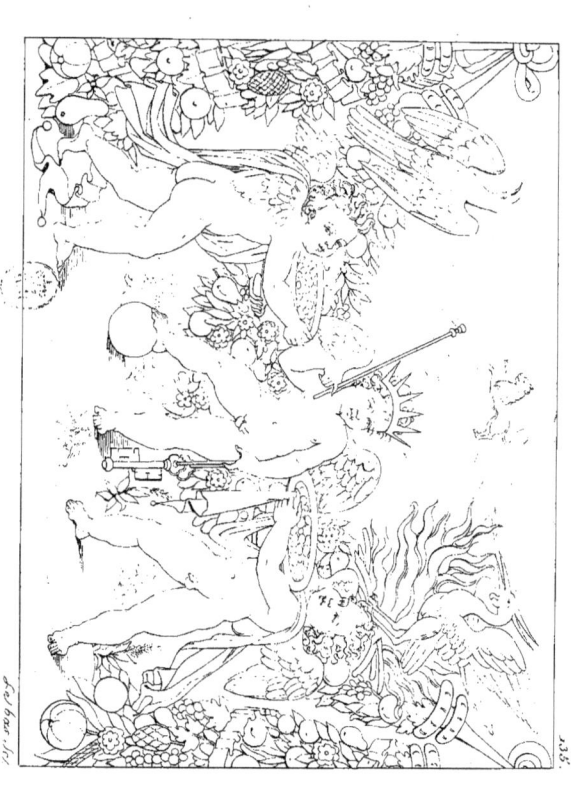

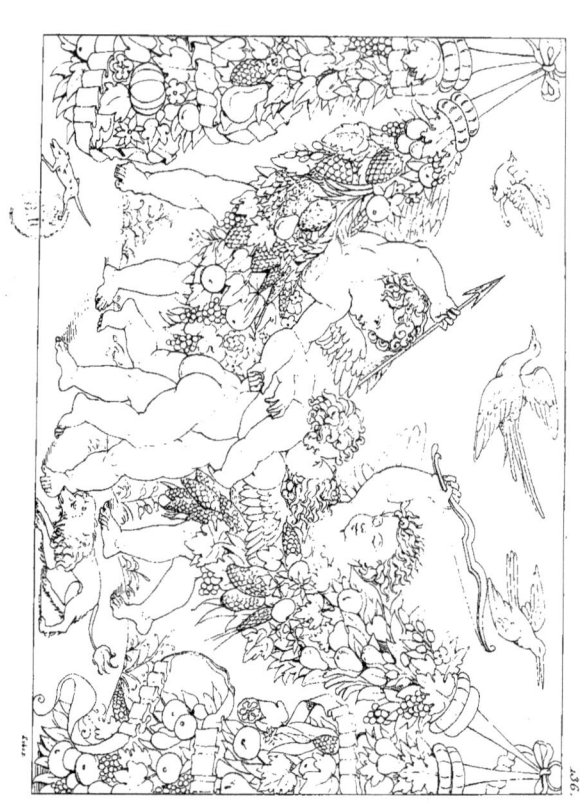

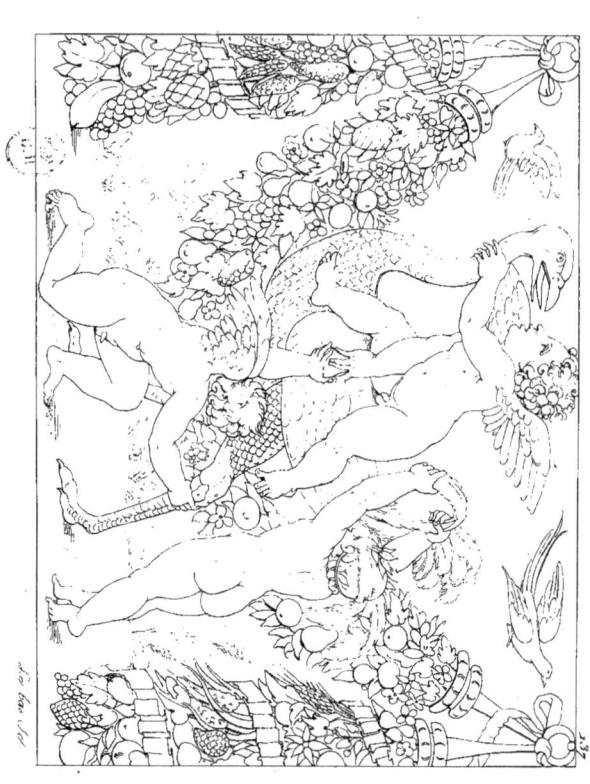

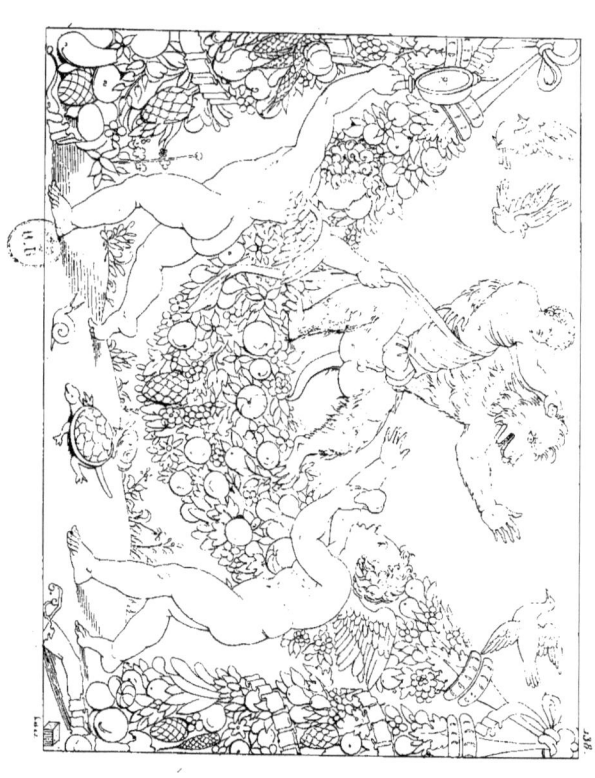

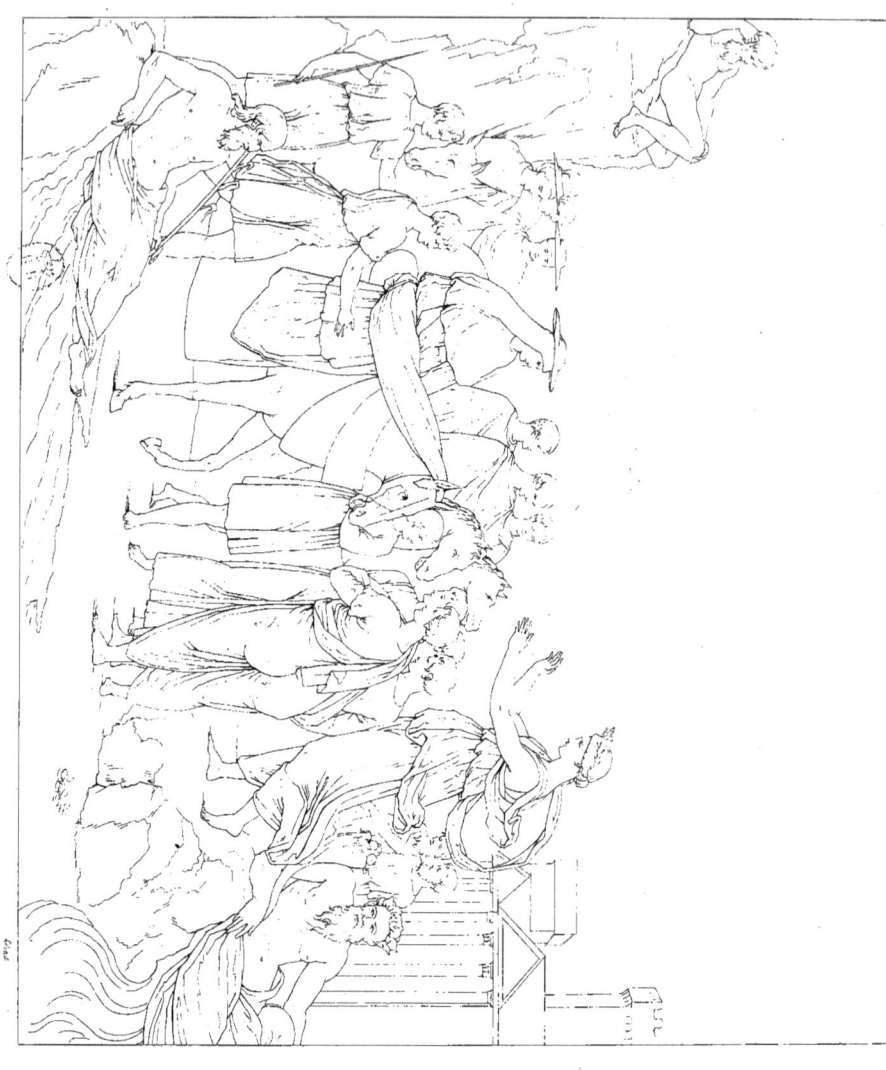

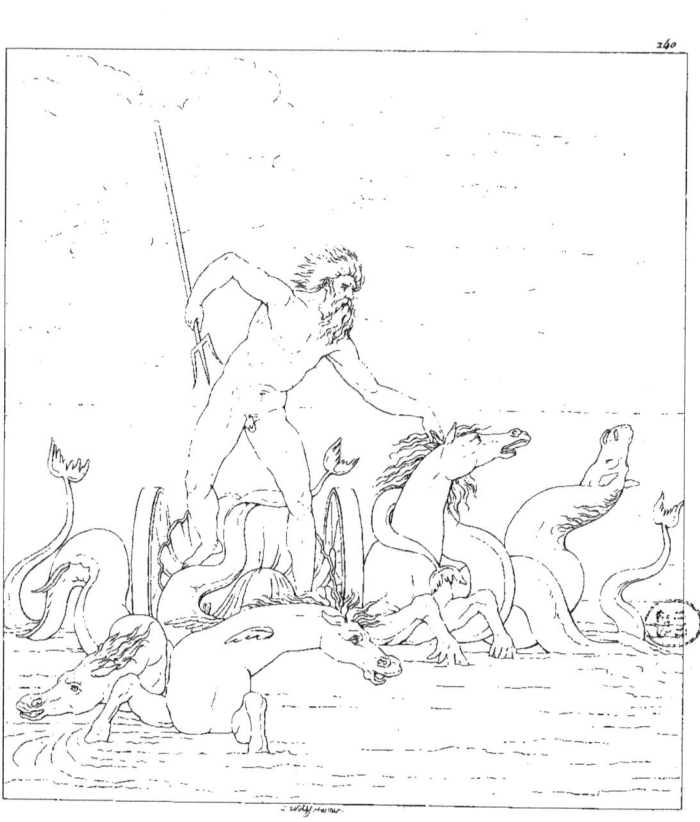

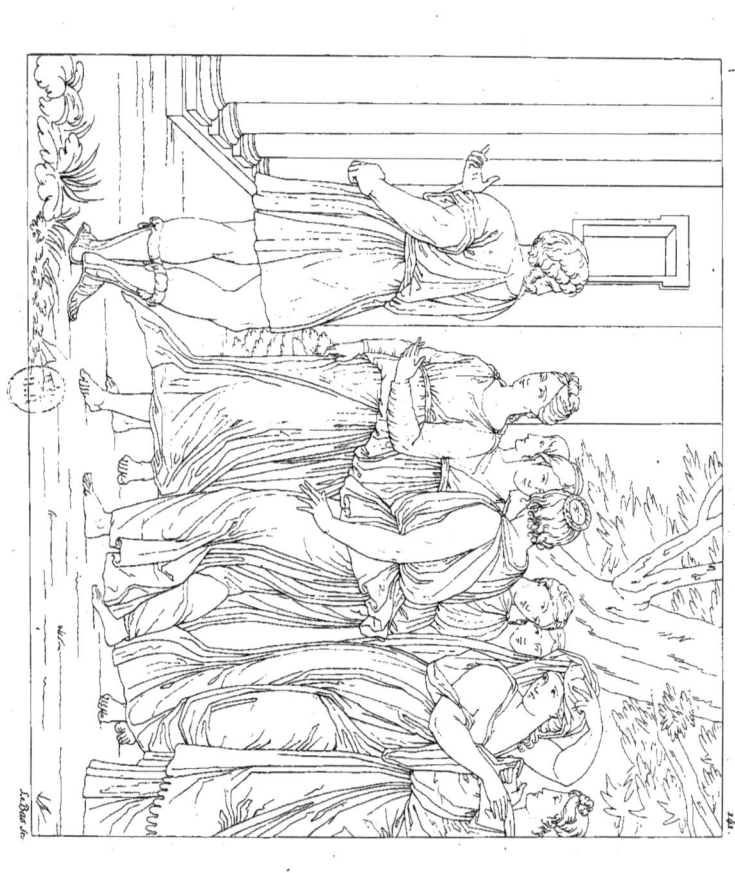

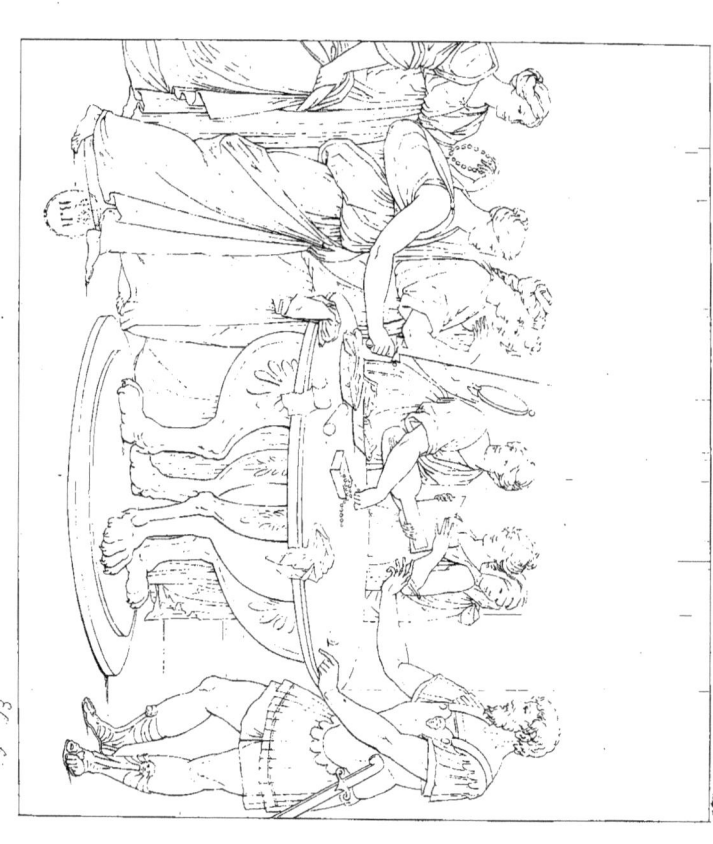

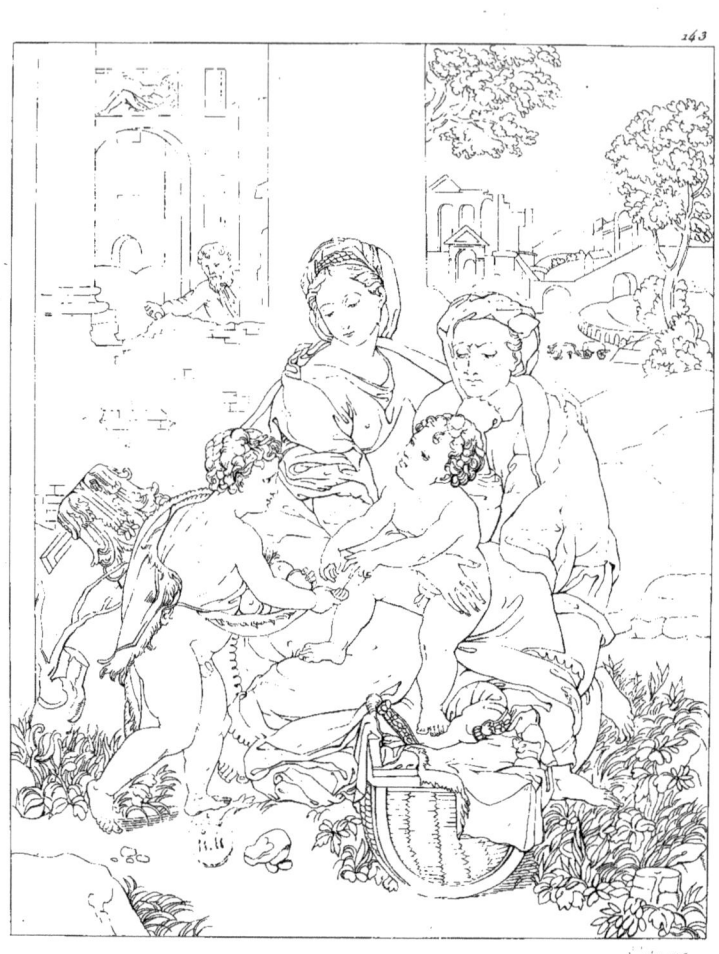

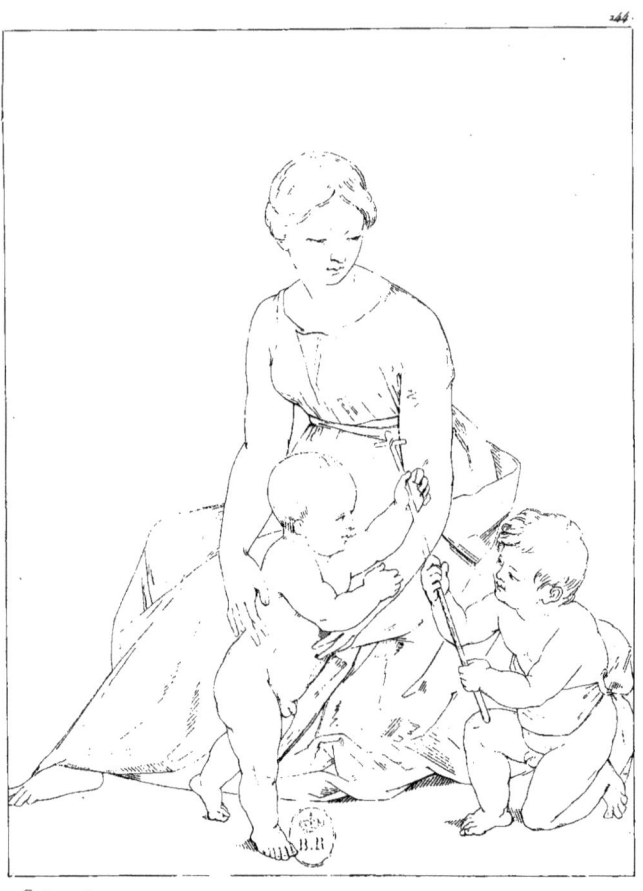

Eleonore Singer

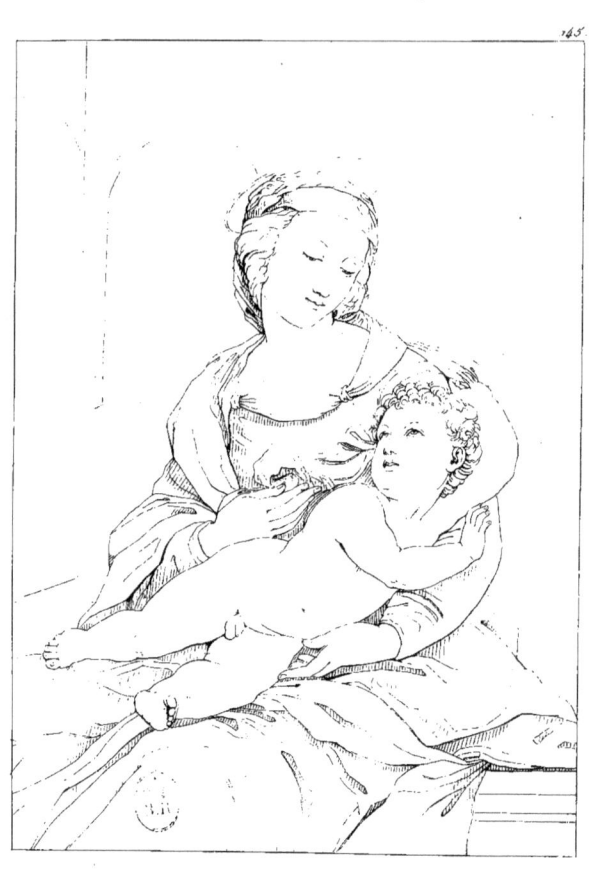

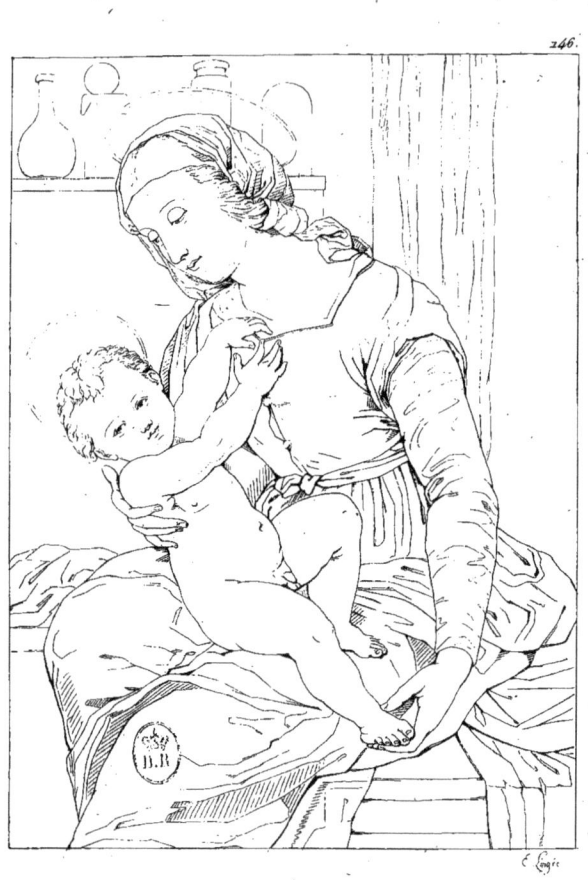

E. Faguet

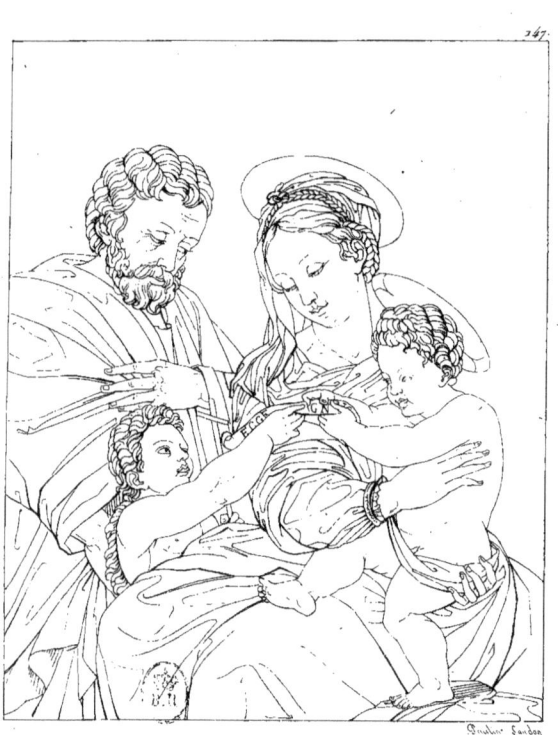

Giulio Romano

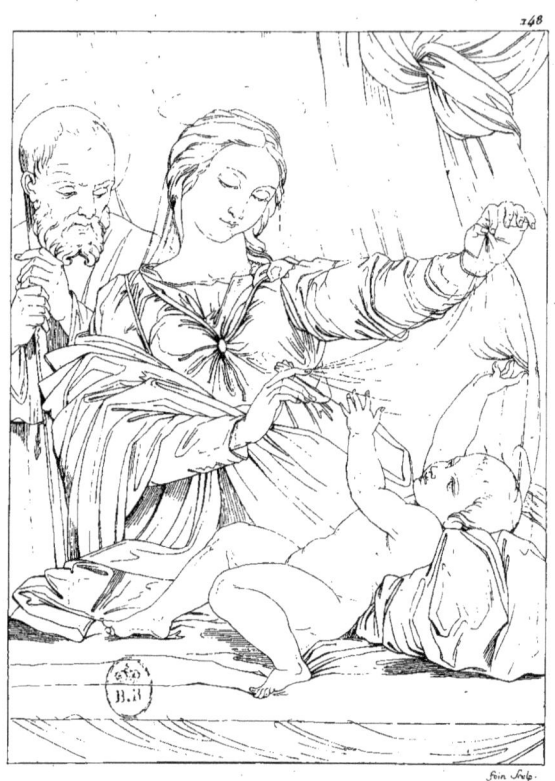

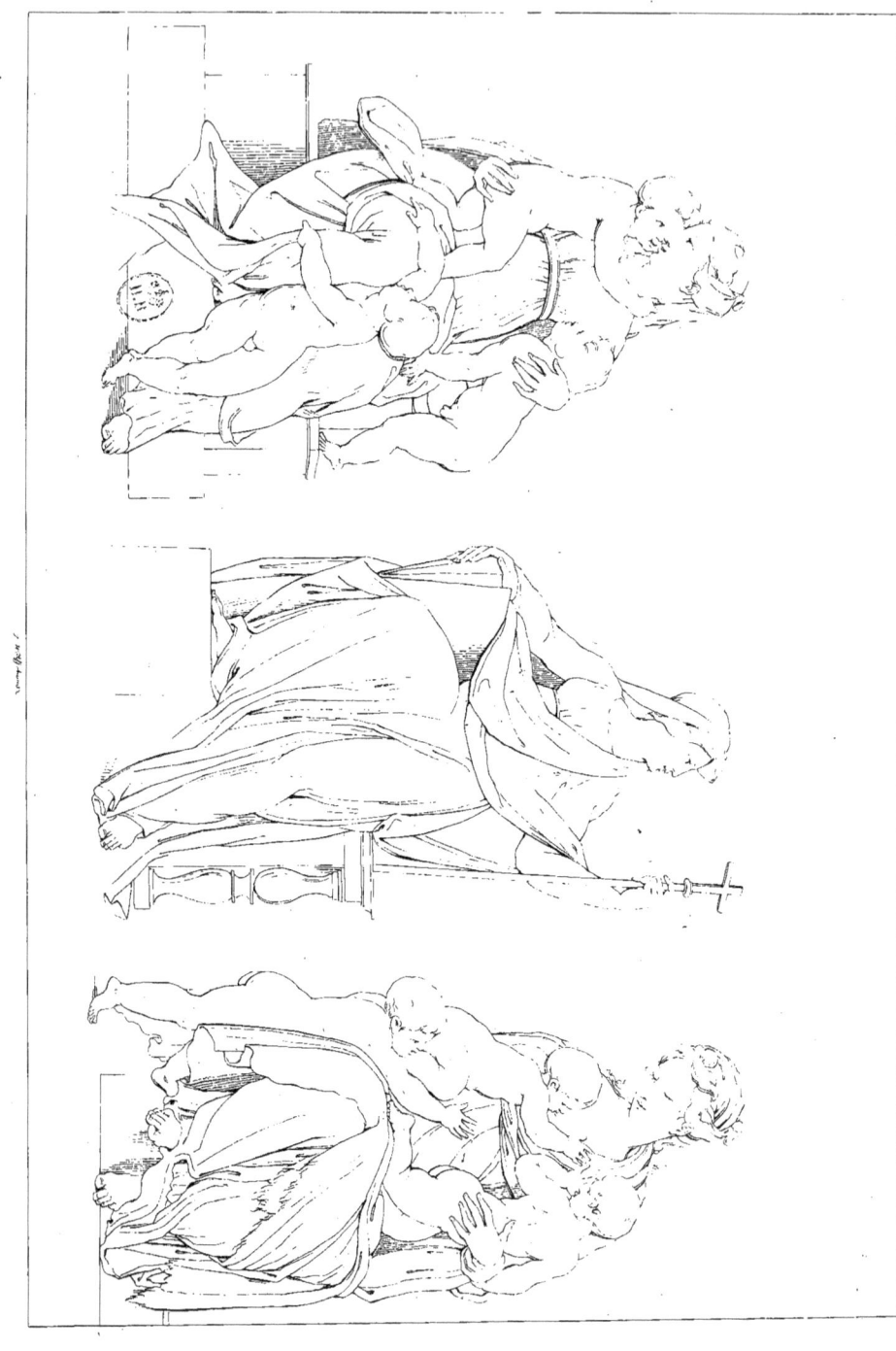

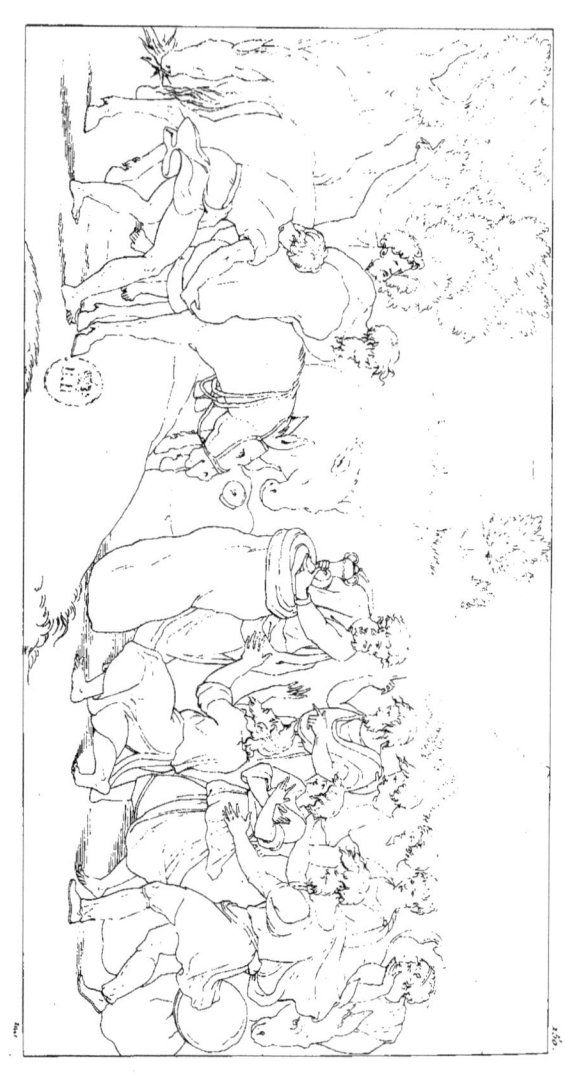

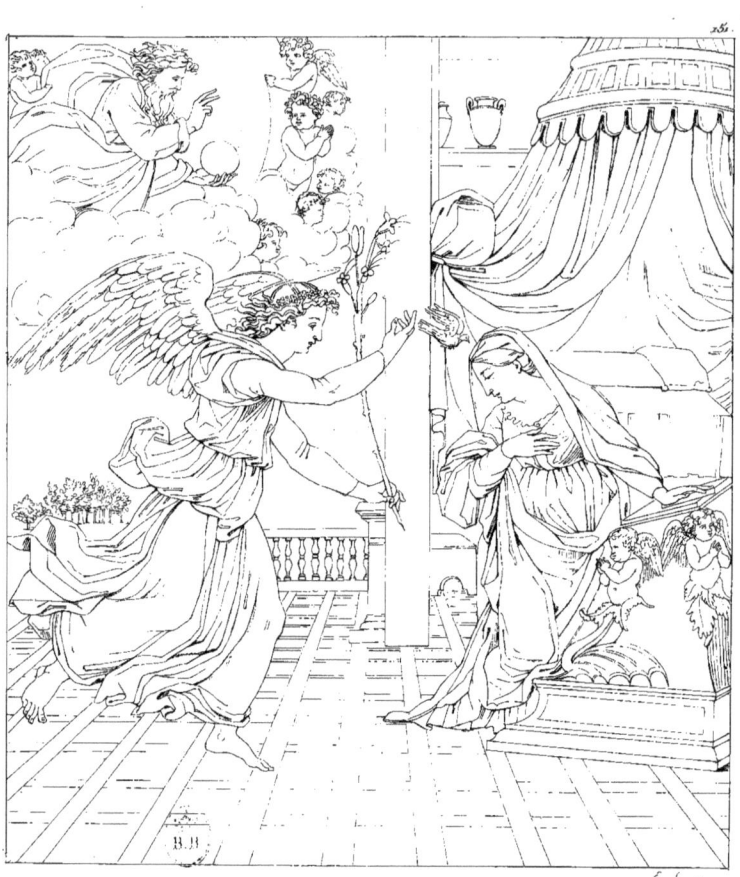

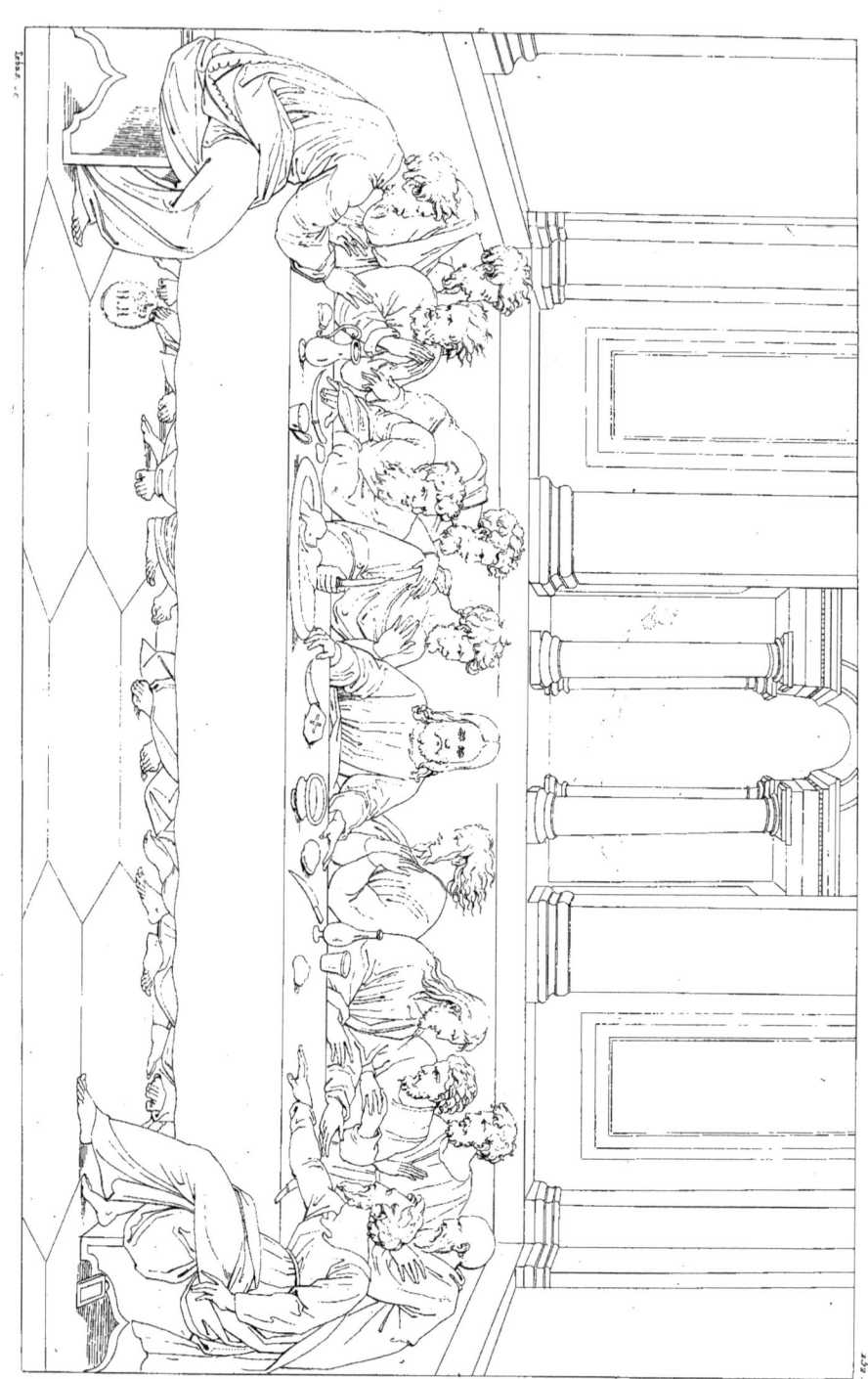

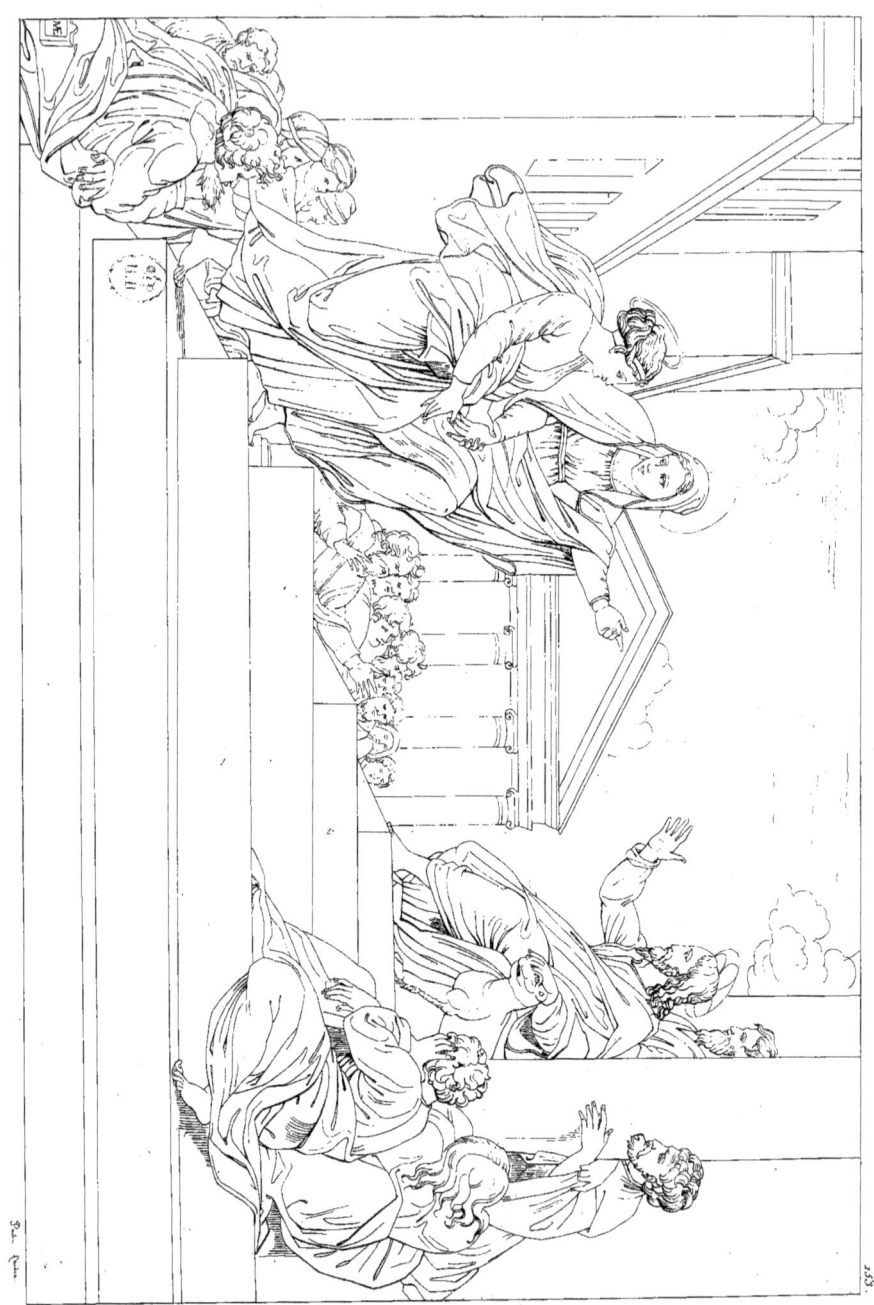

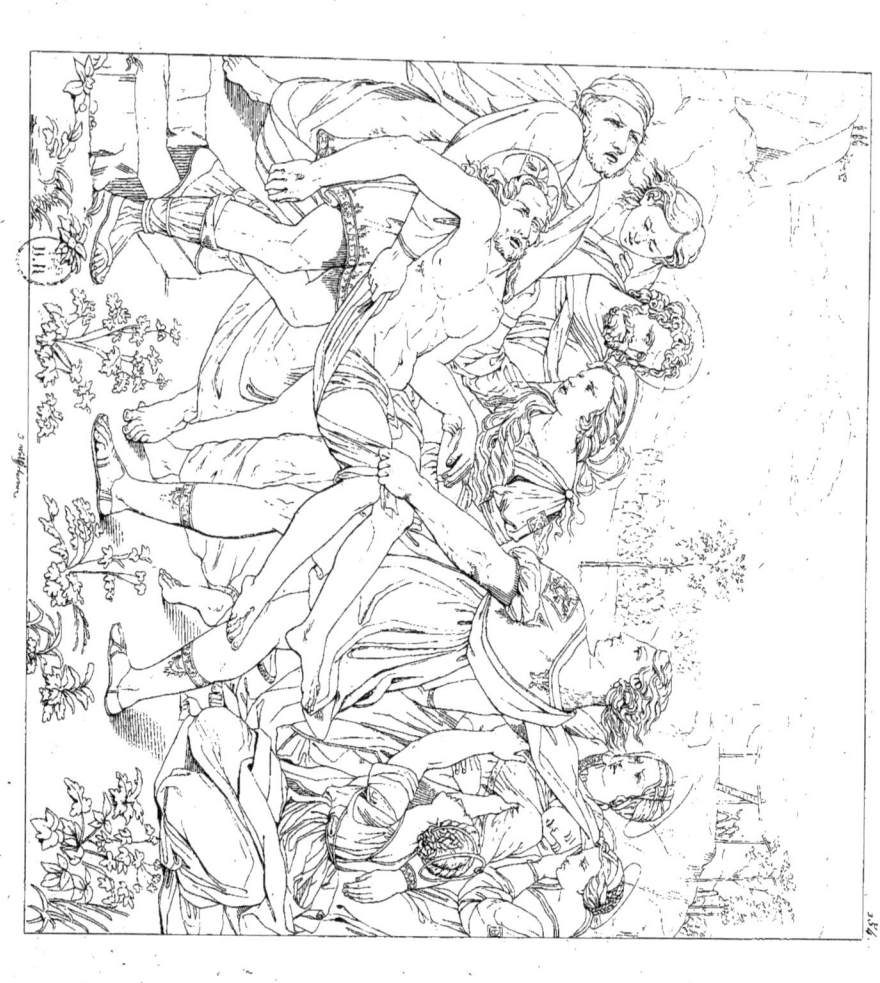

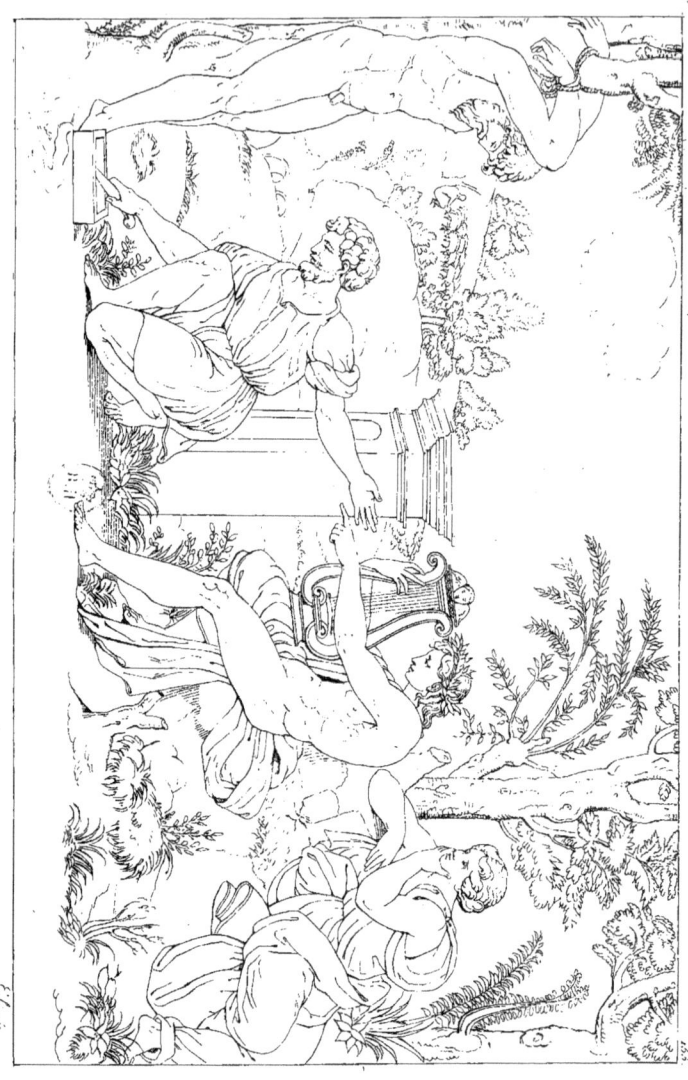

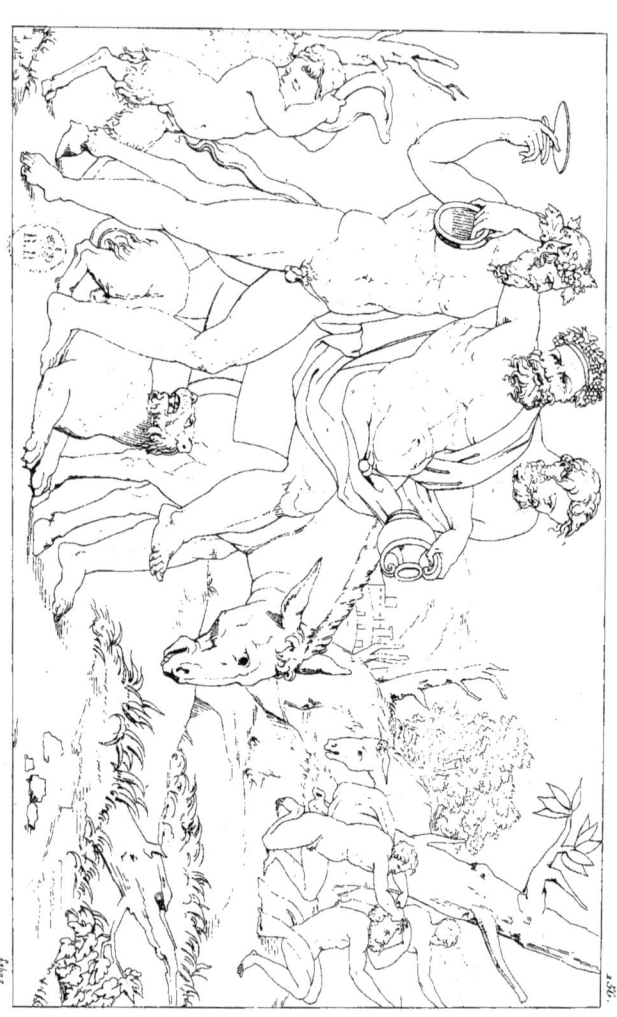

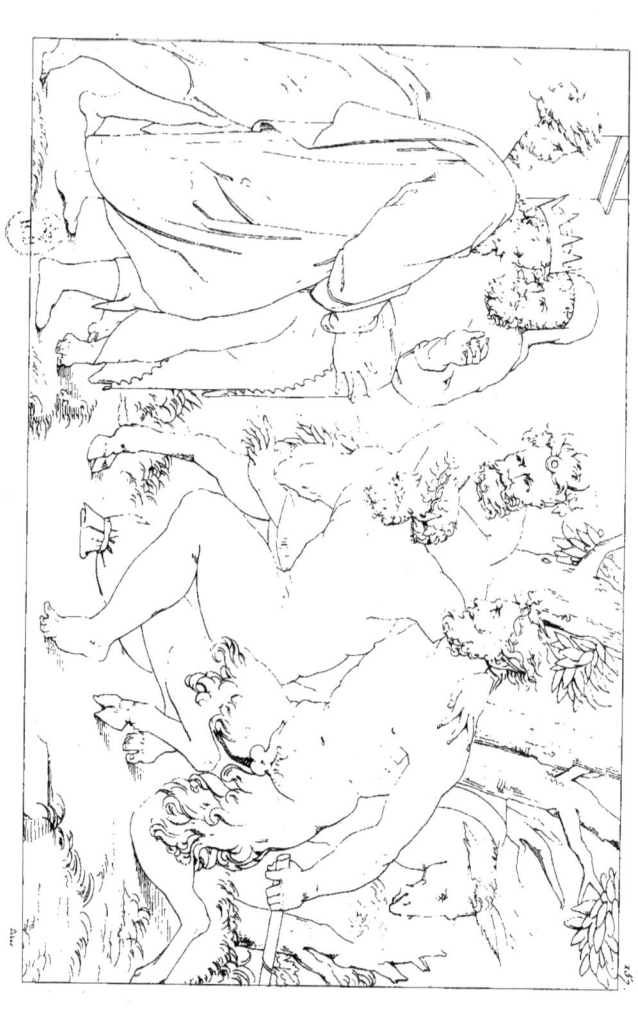

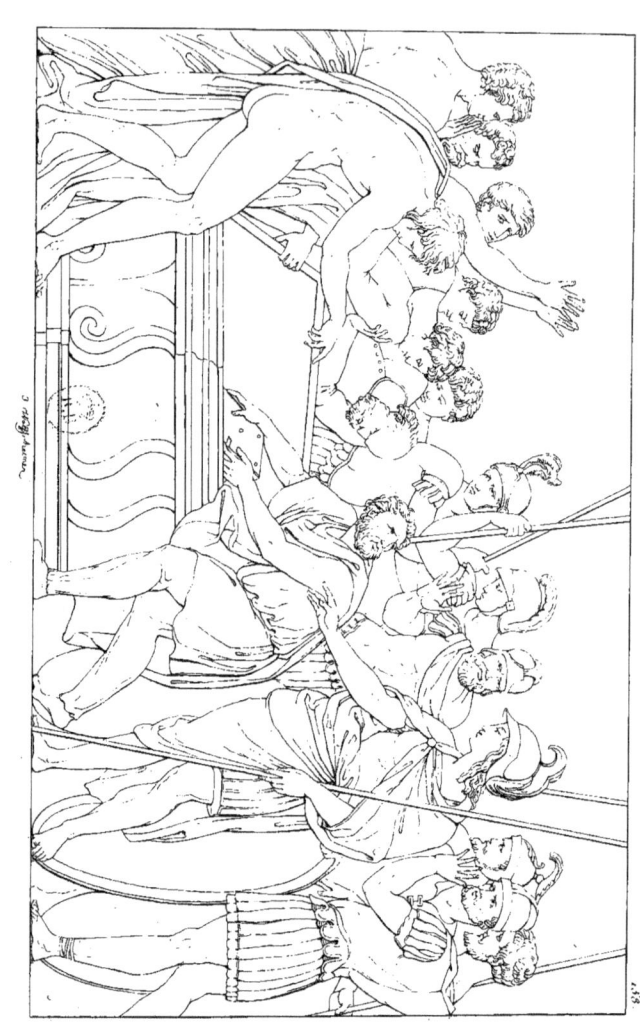

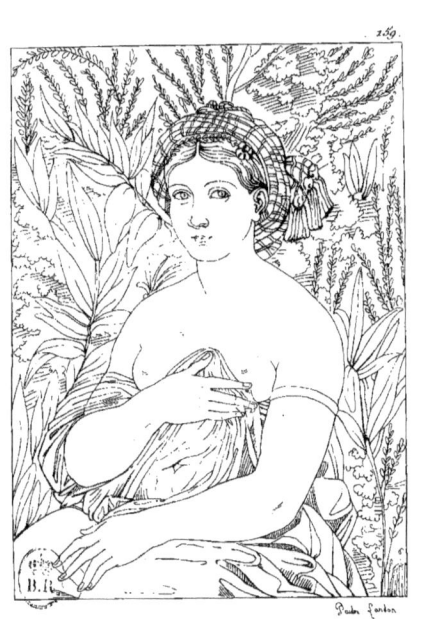

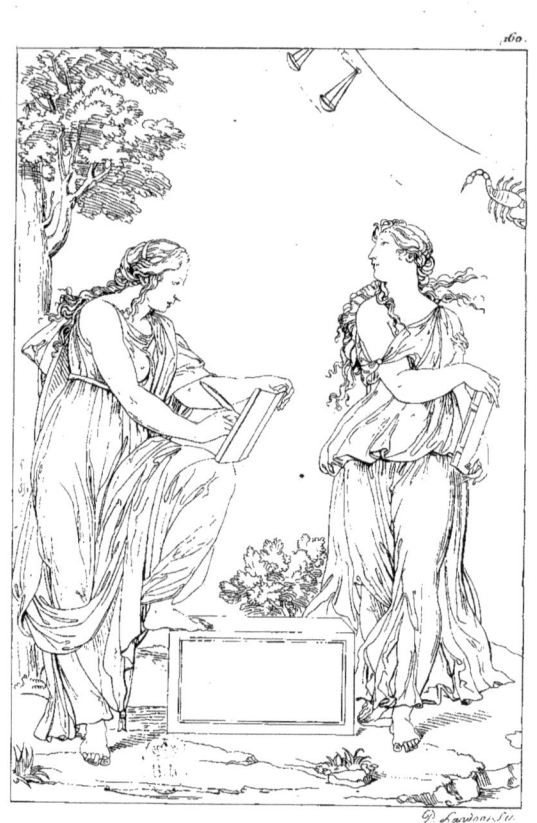

P. Landon Sc.

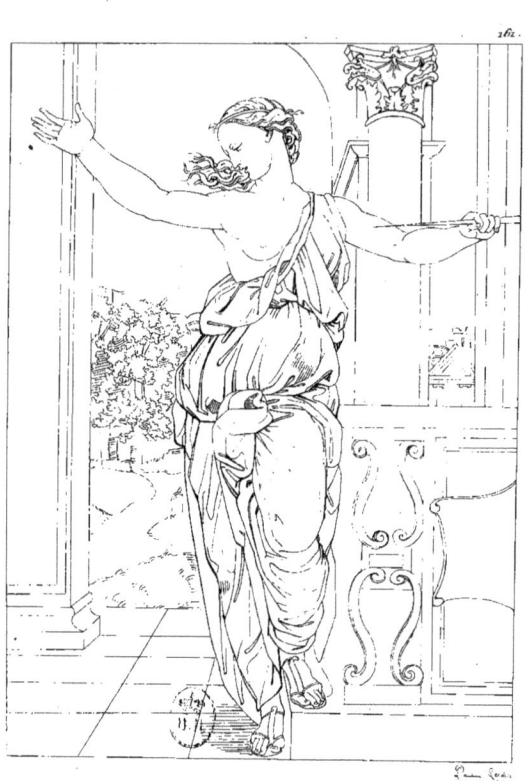

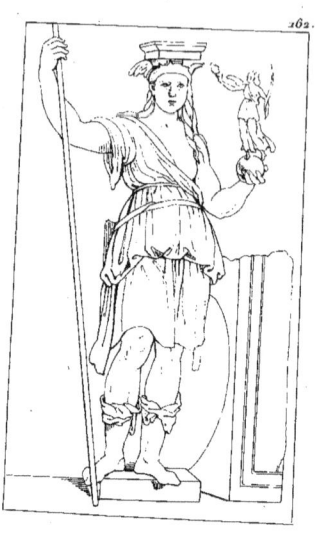

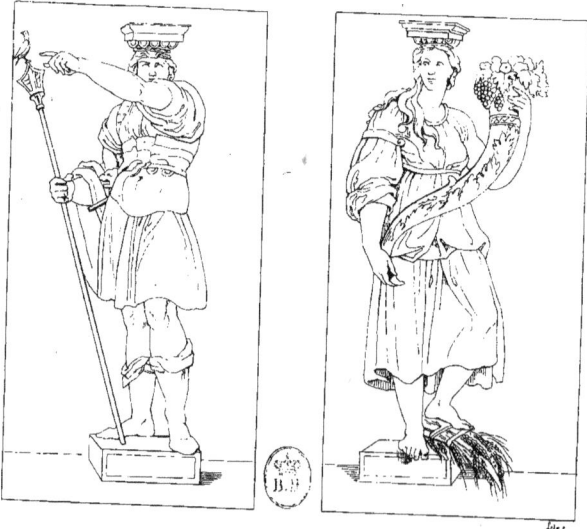

Jabes

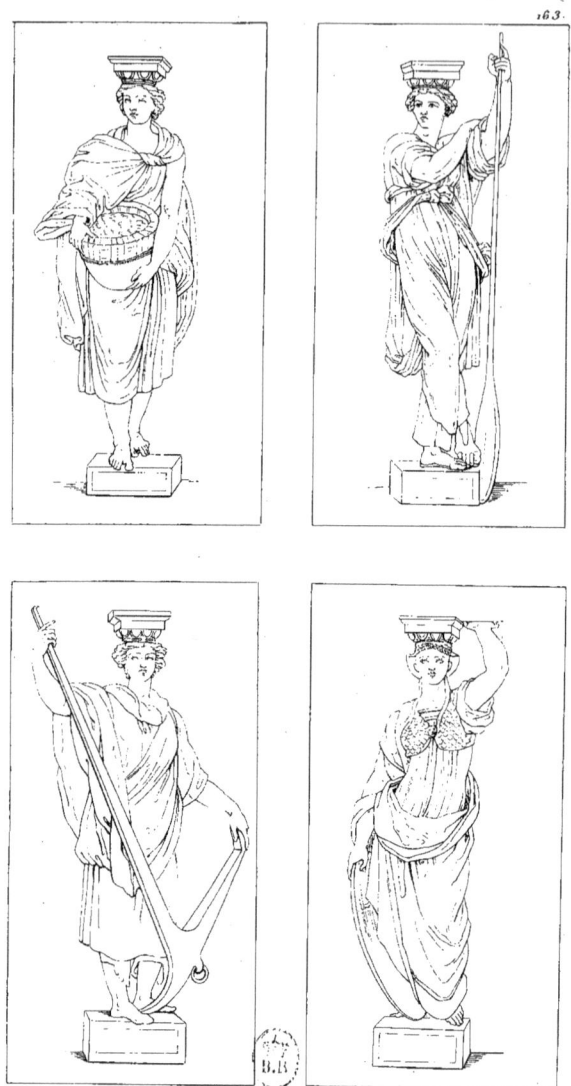

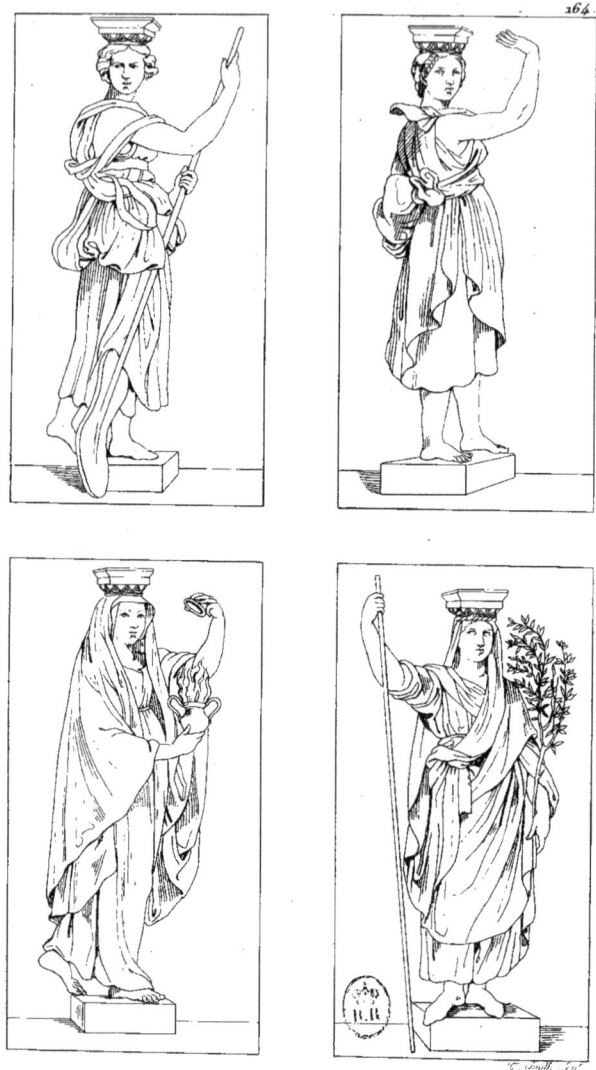

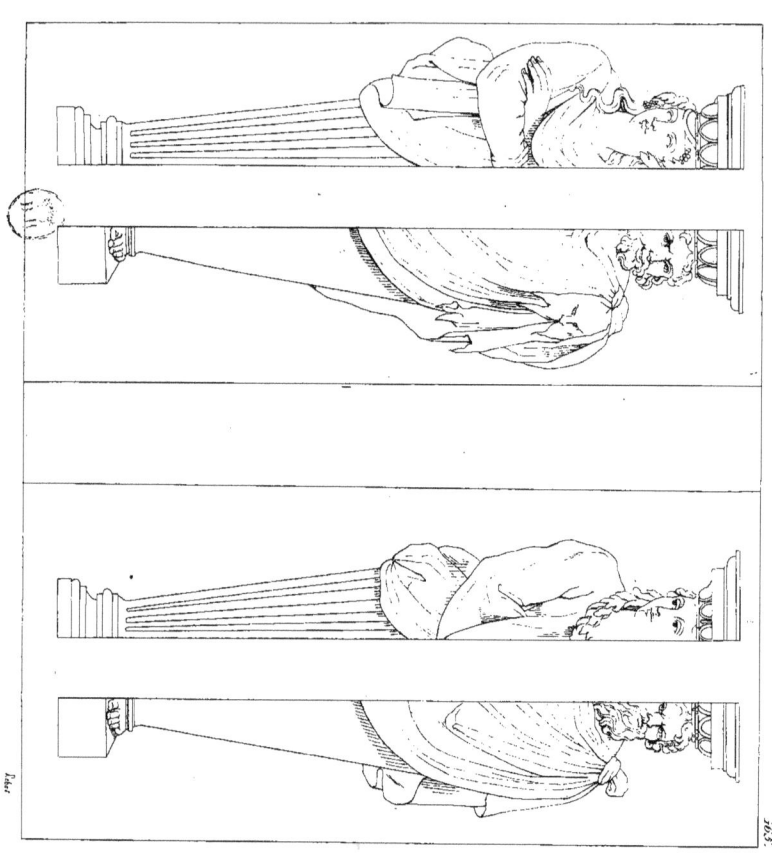

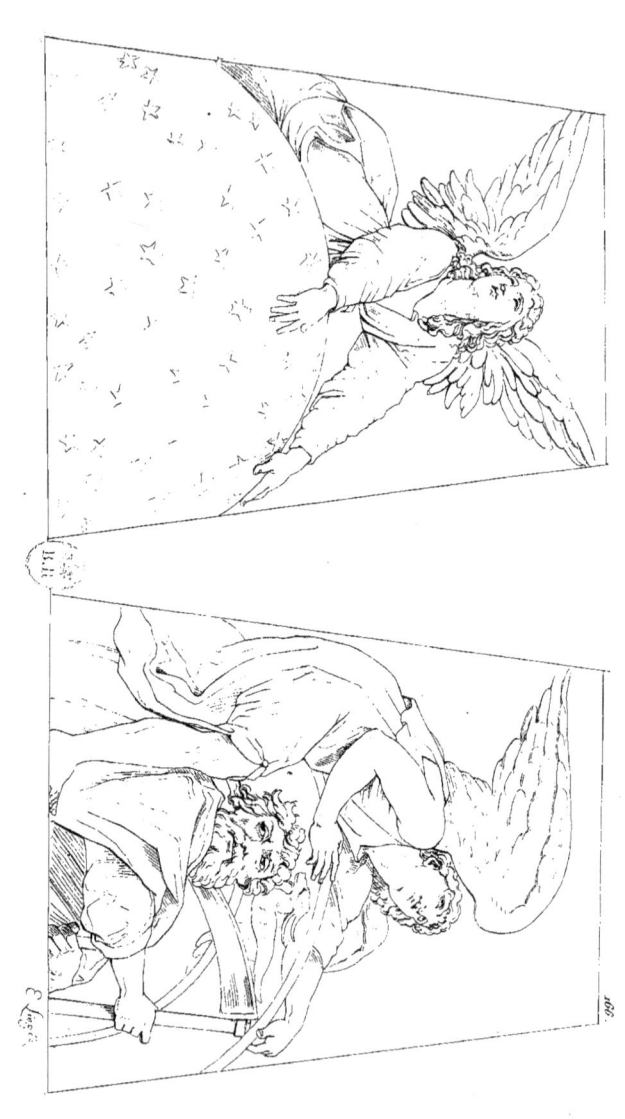

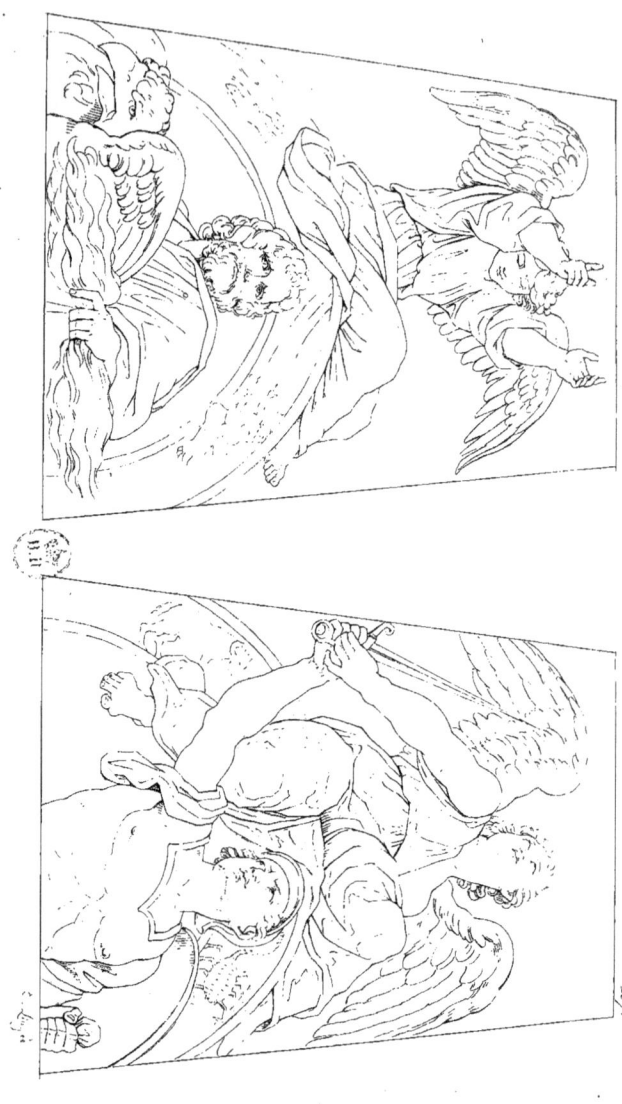

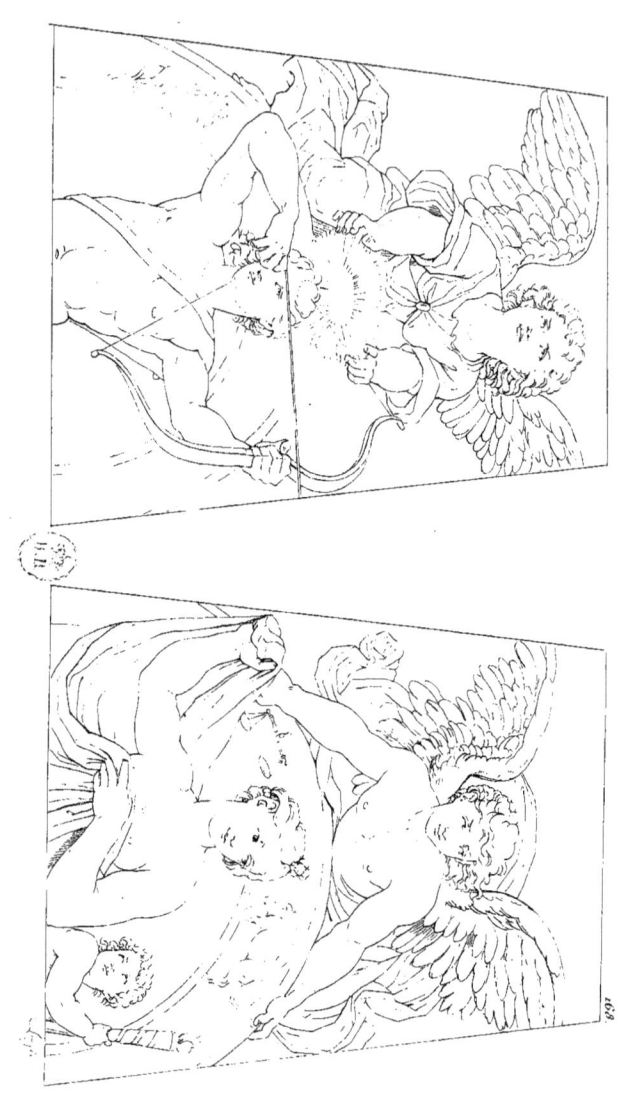

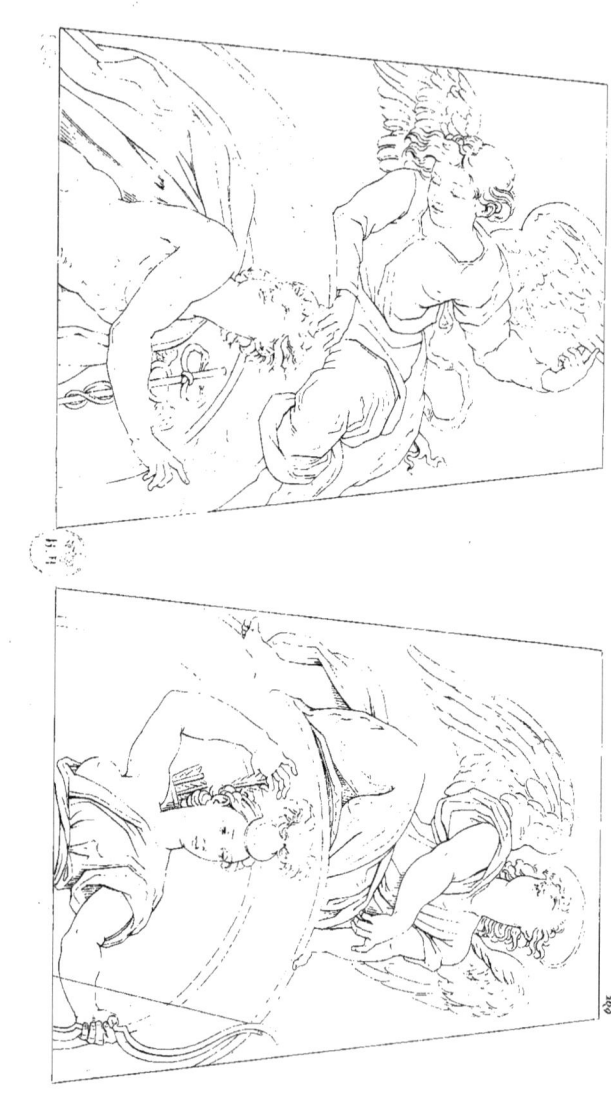

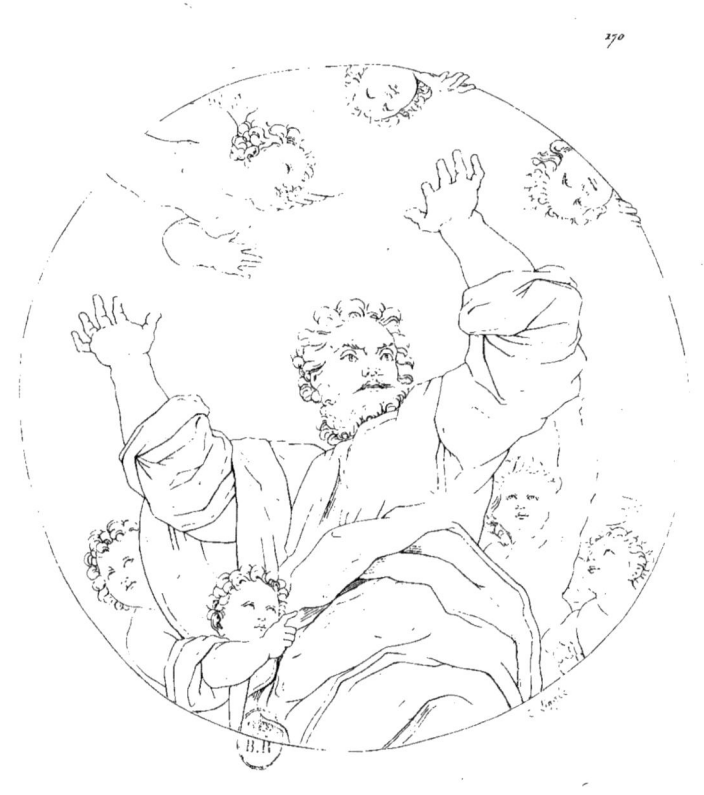

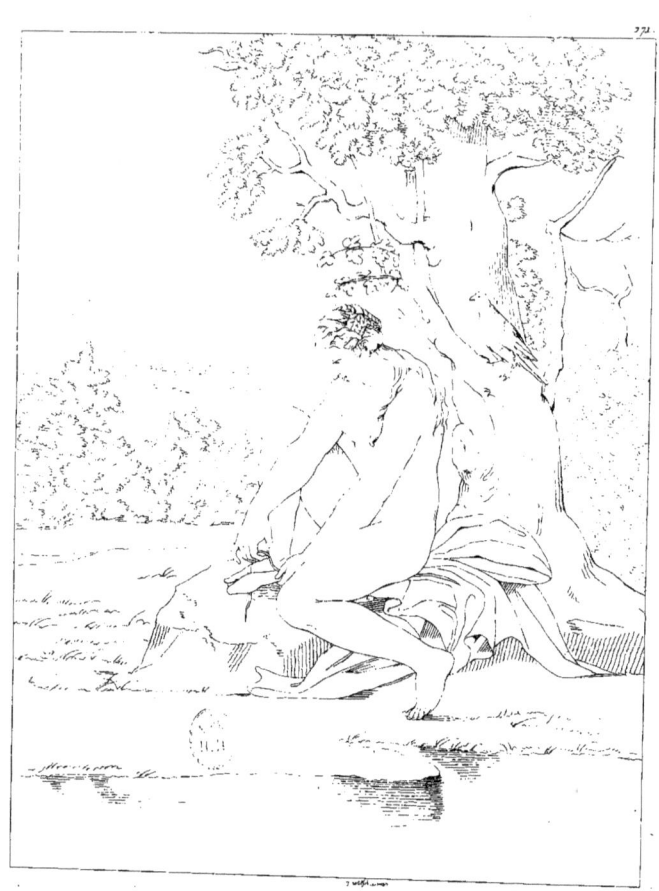

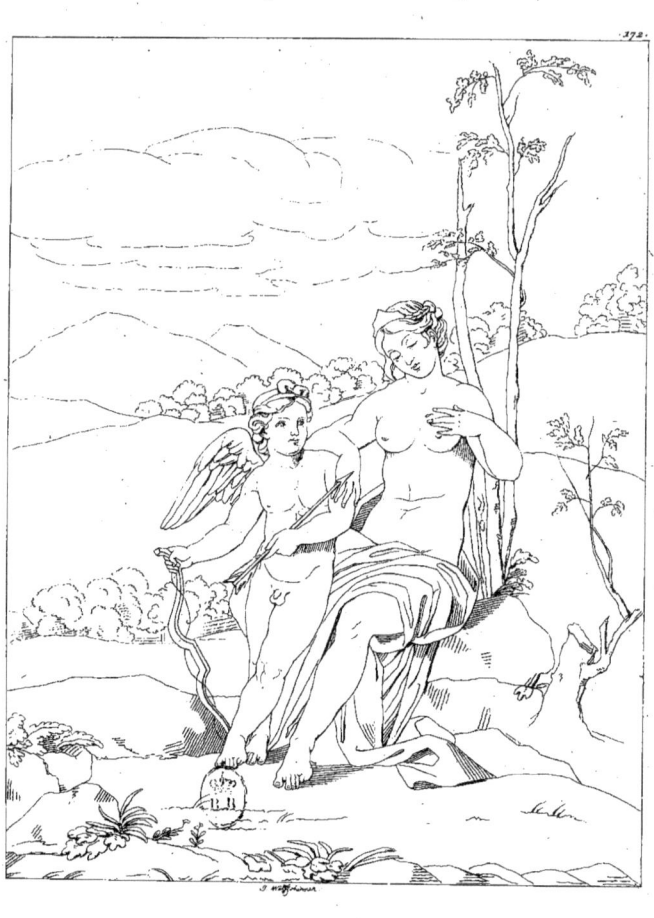

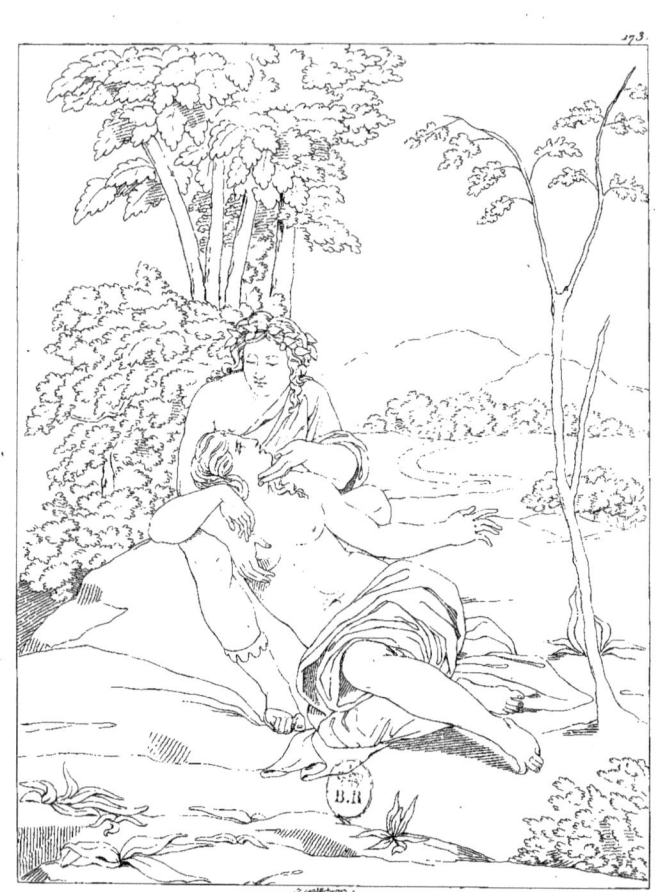

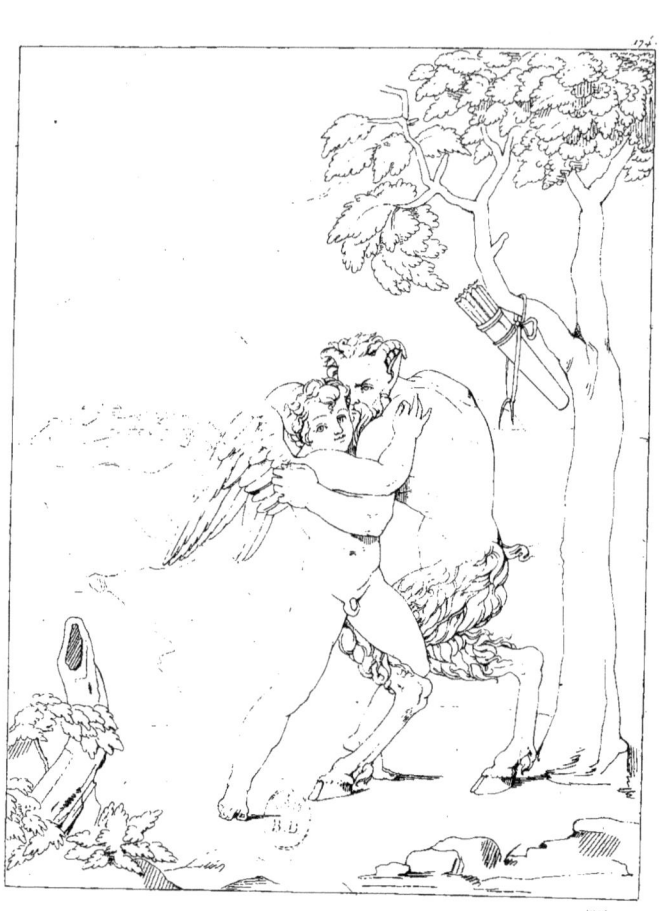

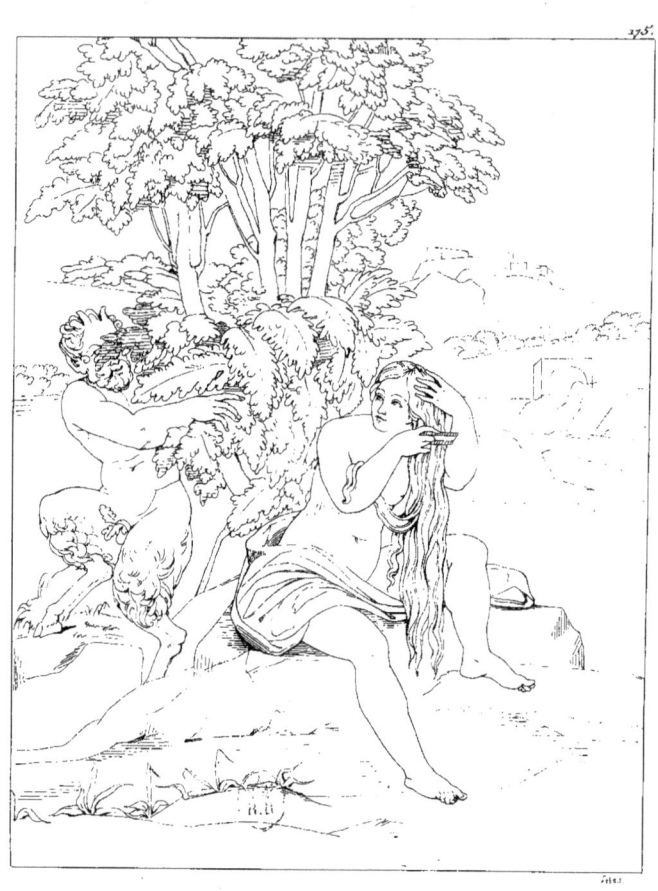

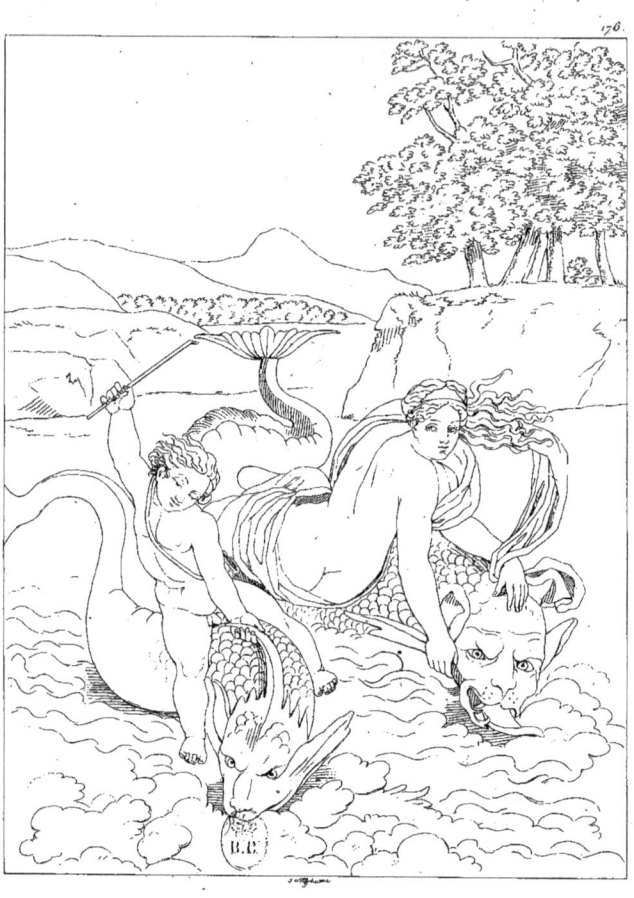

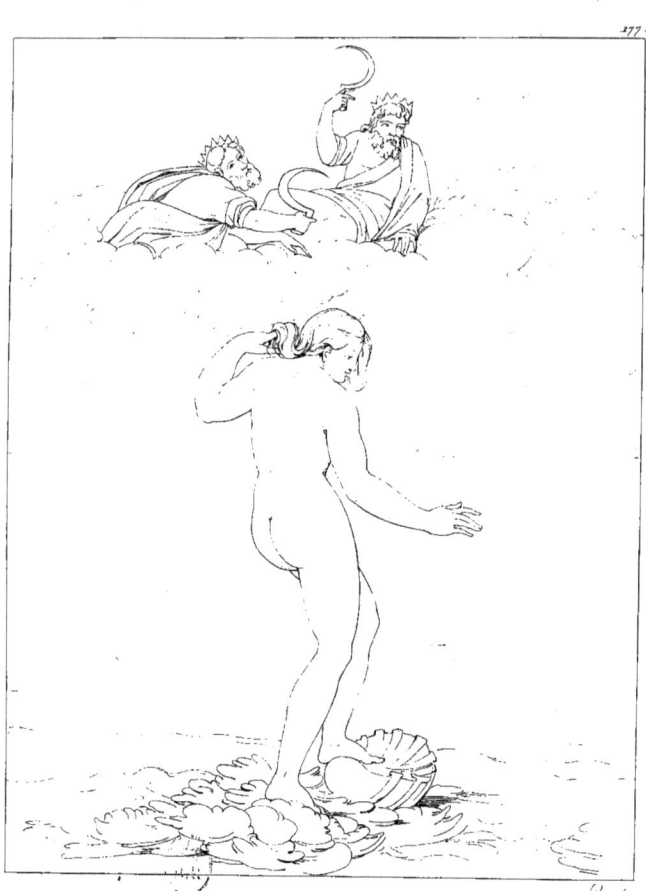

Lebas Sc.

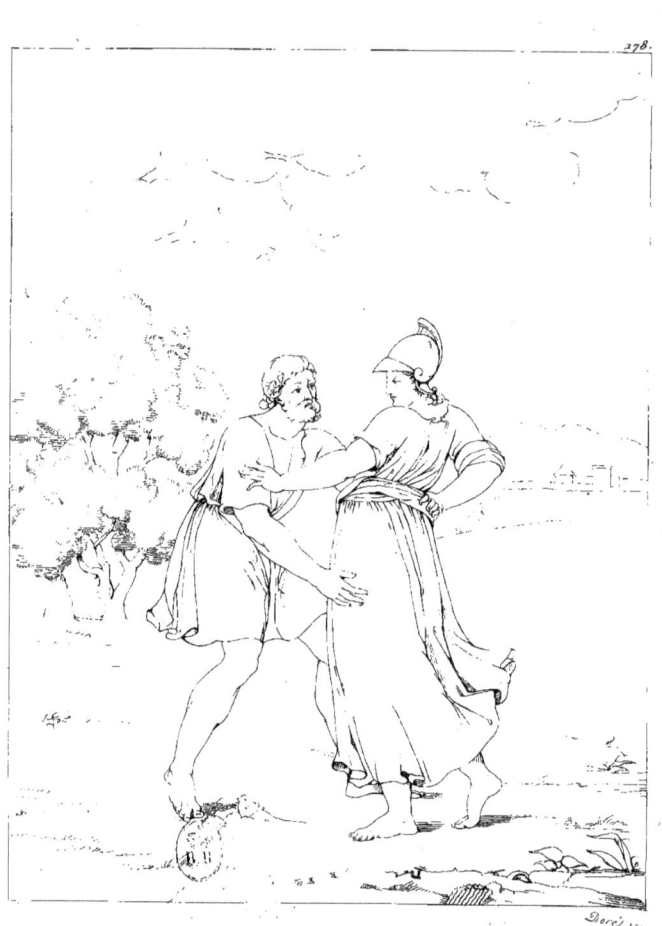

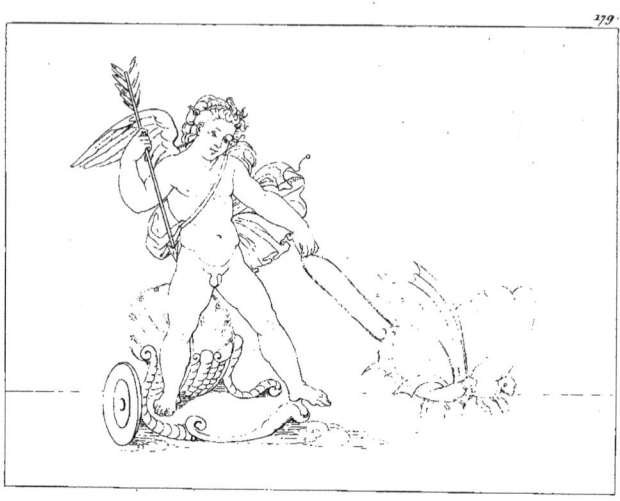

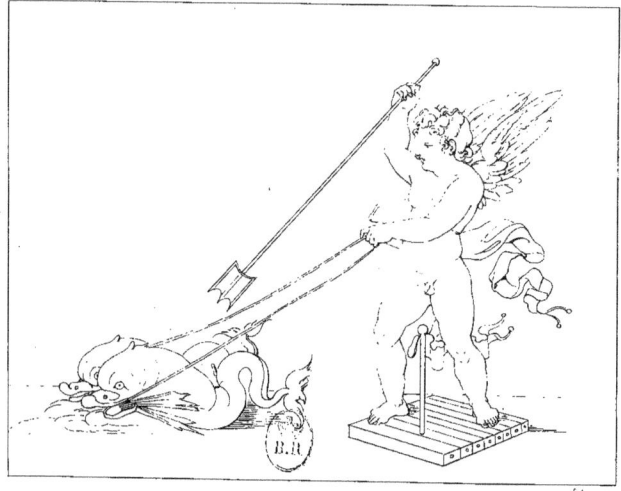

Lebas.

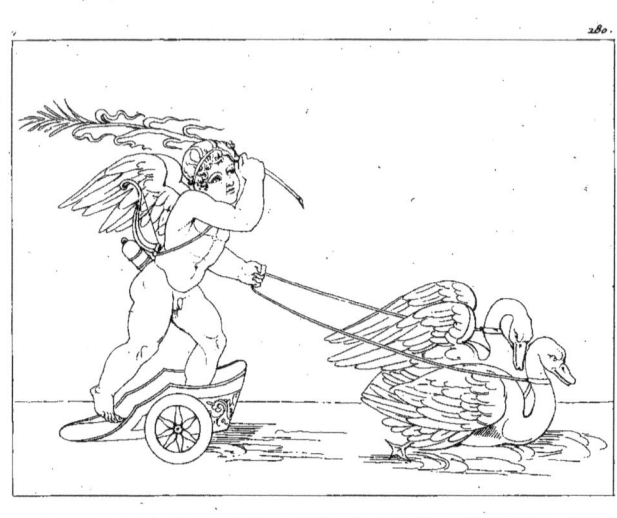

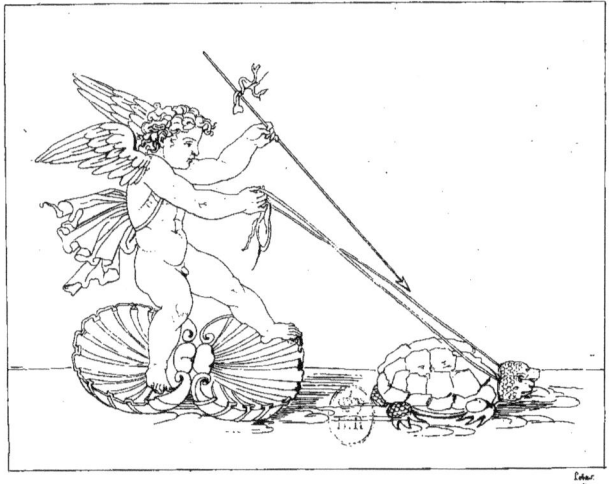

Edor.

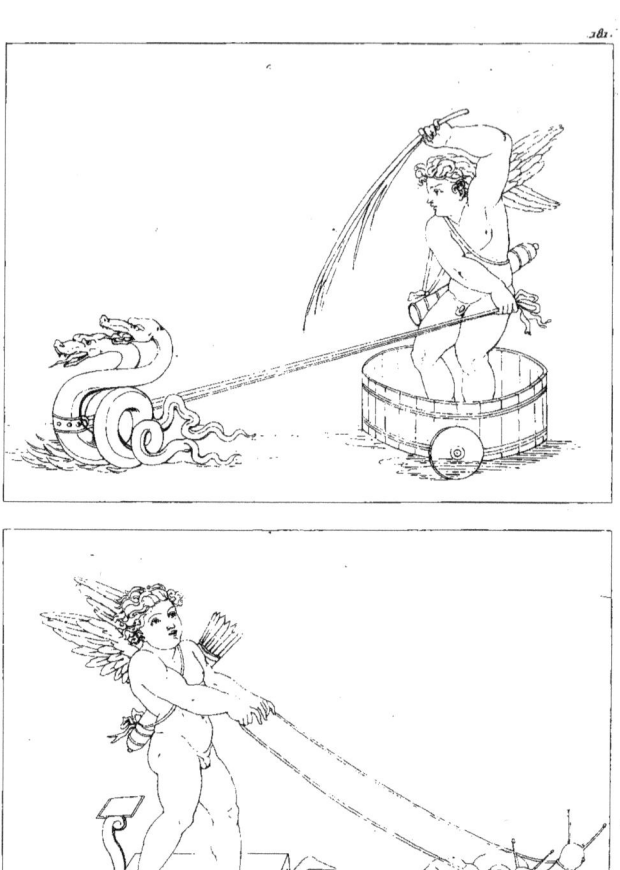

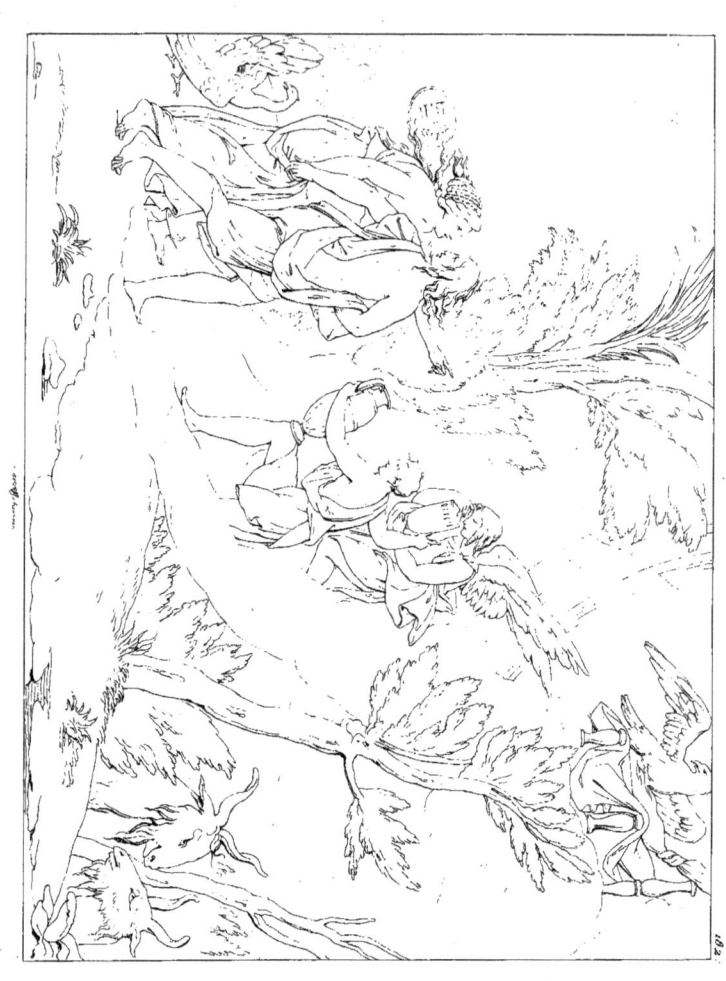

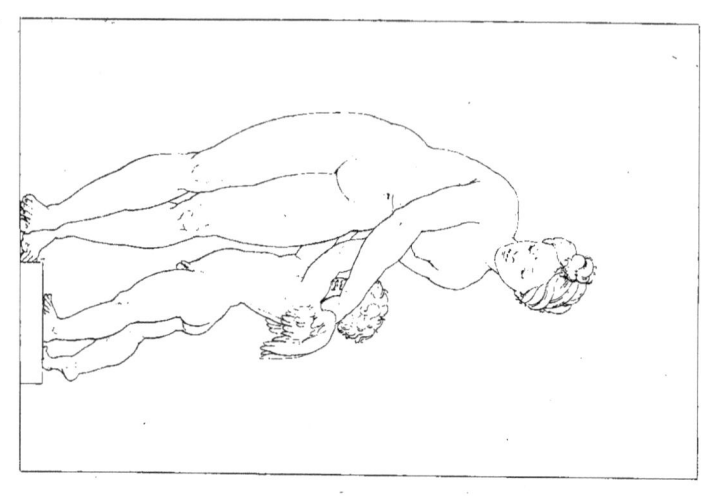

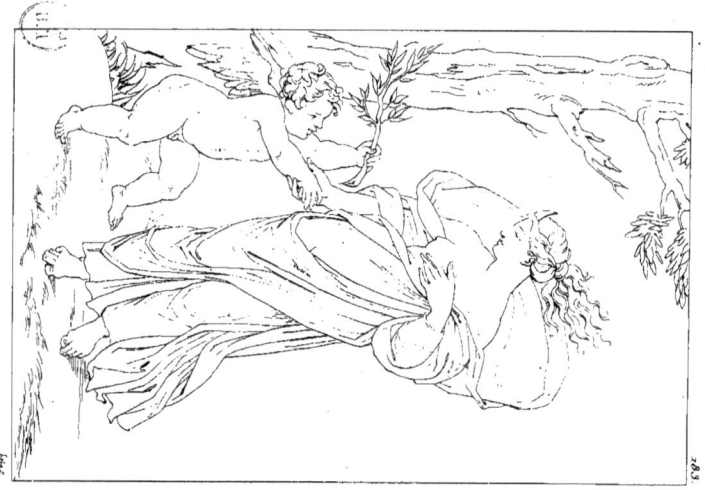

VIES ET OEUVRES

DES

PEINTRES LES PLUS CÉLÈBRES.

VIES ET OEUVRES

DES

PEINTRES LES PLUS CÉLÈBRES

DE TOUTES LES ÉCOLES;

RECUEIL CLASSIQUE,

CONTENANT

L'Œuvre complète des Peintres du premier rang, et leurs Portraits; les principales Productions des Artistes de 2e et 3e classes; un Abrégé de la Vie des Peintres Grecs, et un choix des plus belles Peintures antiques;

REDUIT ET GRAVÉ AU TRAIT,

D'Après les Estampes de la Bibliothèque nationale et des plus riches Collections particulières;

Publié par C. P. LANDON, Peintre, ancien Pensionnaire du Gouvernement à l'Ecole Française des Beaux-Arts à Rome, Membre de plusieurs Sociétés Littéraires, Éditeur des Annales du Musée.

A PARIS

Chez L'AUTEUR, Quai BONAPARTE, N° 23.

IMPRIMERIE DE CHAIGNIEAU AINÉ.

AN XIV. — 1805.

SUITE

DE

L'ŒUVRE DE RAPHAËL.

AVIS DE L'ÉDITEUR.

J'AI annoncé dans le Prospectus de cet Ouvrage que chaque volume serait composé de soixante-douze Planches, dont quelques-unes doubles seraient comptées pour deux, selon l'usage. Le nombre prescrit se trouve complété dans ce volume quatrième de l'Œuvre de Raphaël, par 46 Planches simples, 3 Planches doubles, n°s 187, 188, 222. Deux Planches quadruples, n°s 186 et 194. Les Planches 184 et 185 sont comptées pour six chacune, ce qu'il est facile de vérifier par la dimension du sujet.

Mais afin que les Souscripteurs ne perdent pas de vue ce qui distingue les Planches doubles, puisqu'elles sont sans pli, je crois nécessaire de leur rappeler, comme j'ai fait dans les volumes précédens, que l'Ouvrage avait d'abord été annoncé sous un plus petit format in-4°, où les Planches doubles eussent été pliées; mais que depuis, pour éviter cet inconvénient, je me suis décidé à faire paraître ce Recueil, sans néanmoins en augmenter le prix, sous un plus grand format, qui permît de placer les Planches doubles sans les plier. Ce changement ajoute aux frais de l'Editeur; mais comme il devait contribuer à l'agrément de l'Ouvrage, je n'ai pas hésité à l'adopter.

On pourra remarquer dans ce volume trois ou quatre planches d'un travail moins détaillé, et même avec de légères incorrections; mais si l'on considère que la plupart des Planches sont gravées, soit d'après de simples dessins ou croquis de la main de Raphaël, soit d'après d'anciennes estampes à l'eau-forte, grossièrement exécutées, et les seules qui existent d'après des originaux qui ont disparu; on conviendra non-seulement que je n'ai pu me permettre d'y faire de trop nombreuses corrections ou des additions; mais encore que les Planches de ce Recueil, gravées d'après de tels modèles, leur sont préférables pour la correction des formes et la pureté du trait.

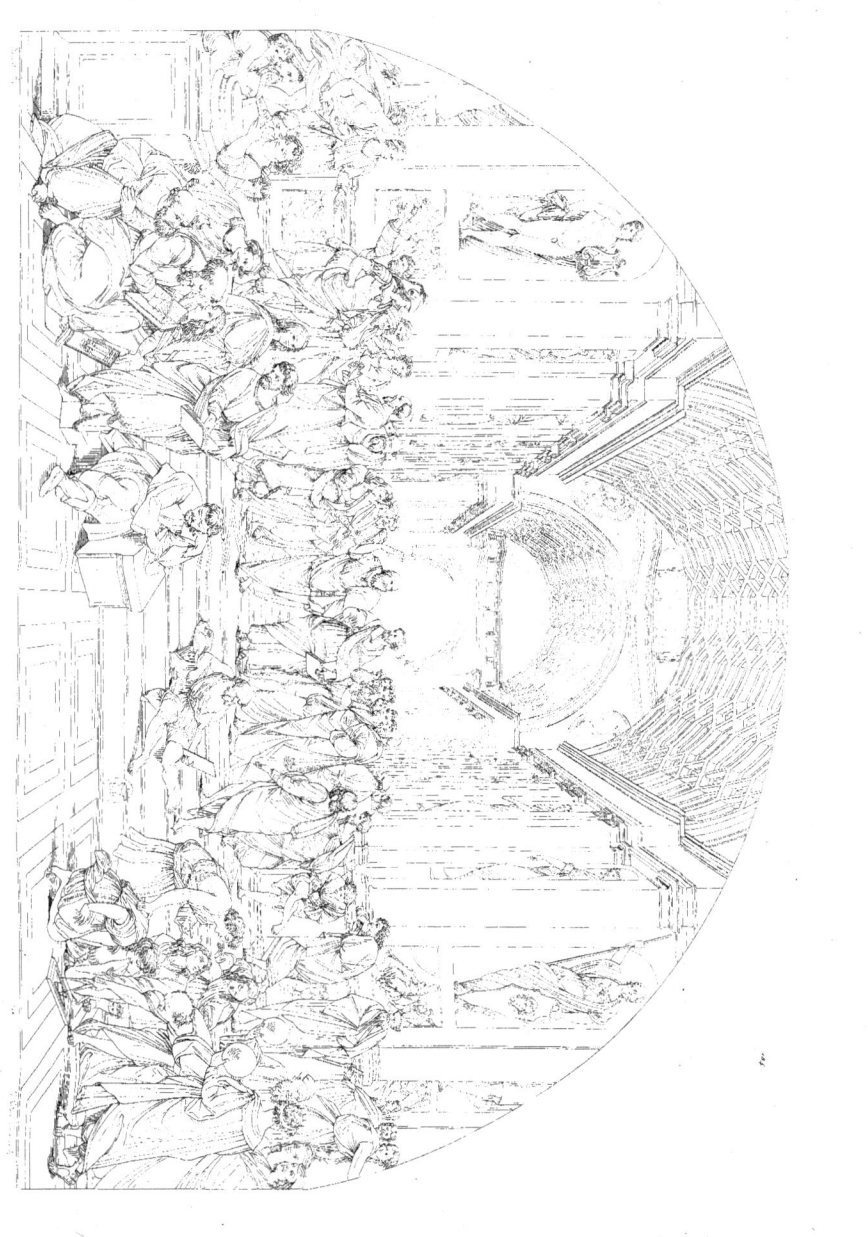

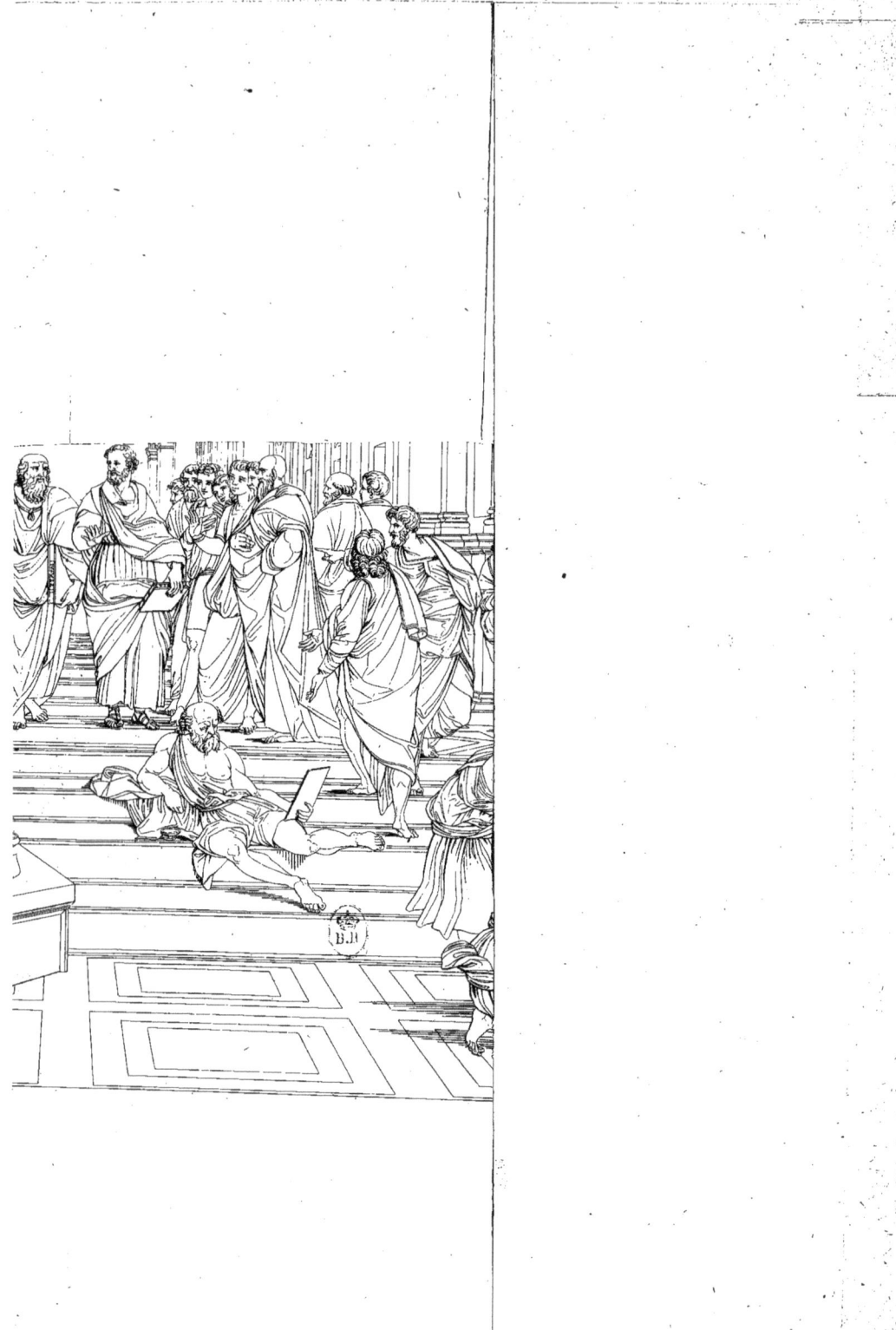

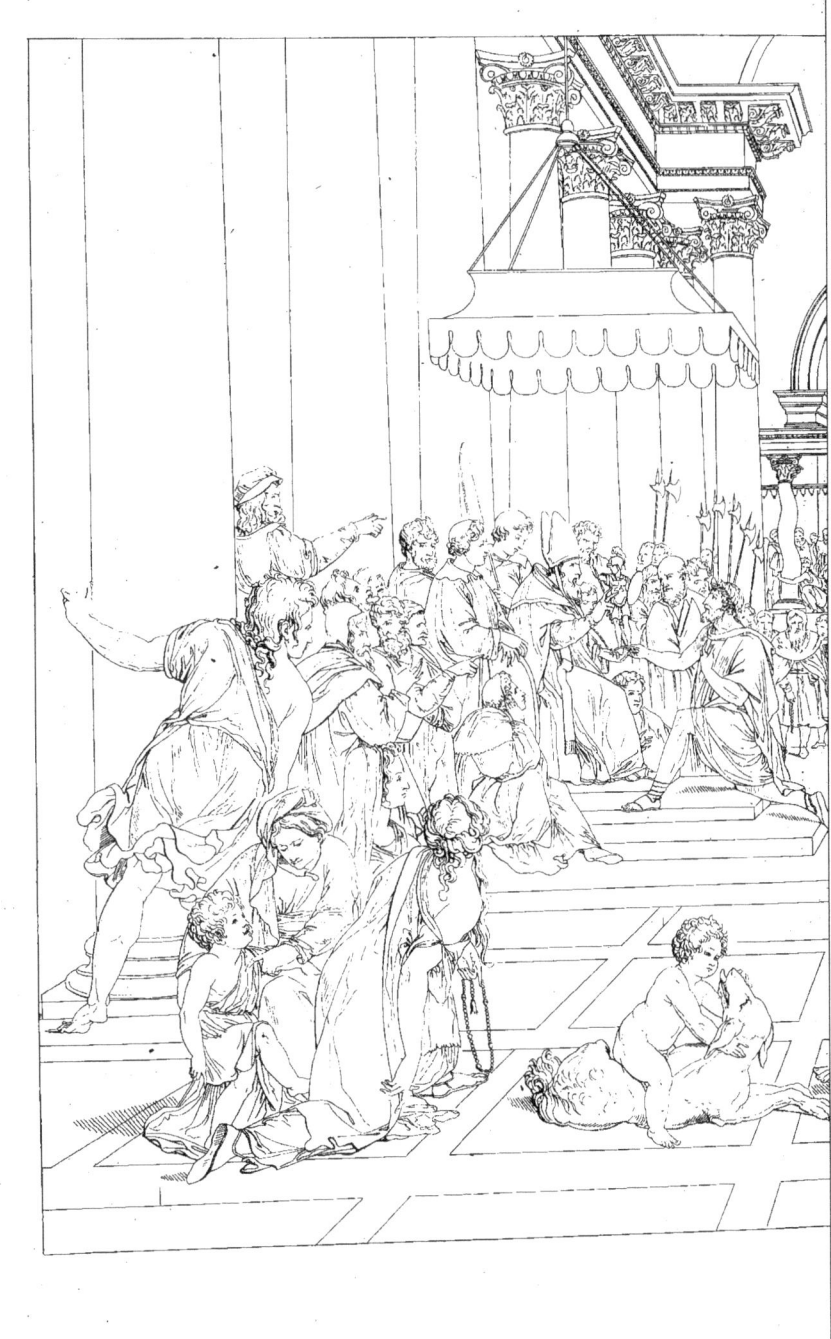

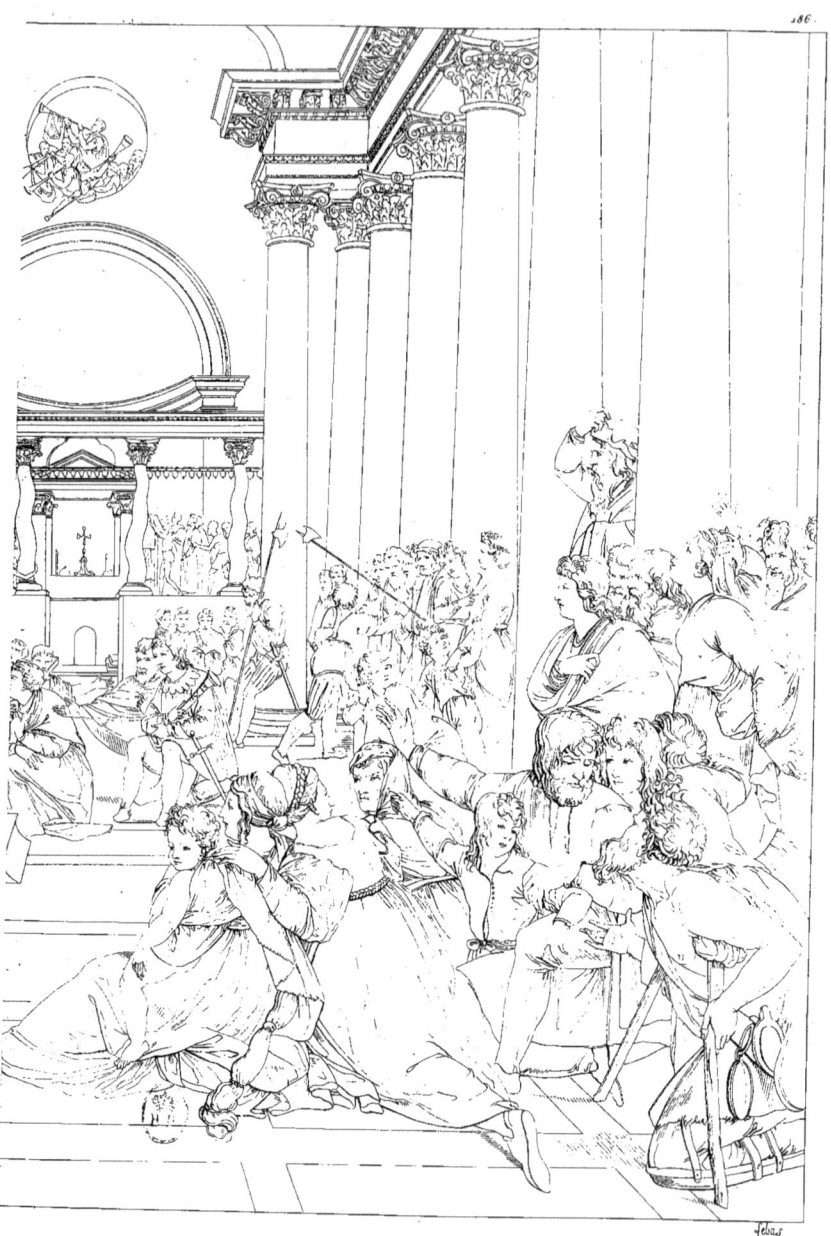

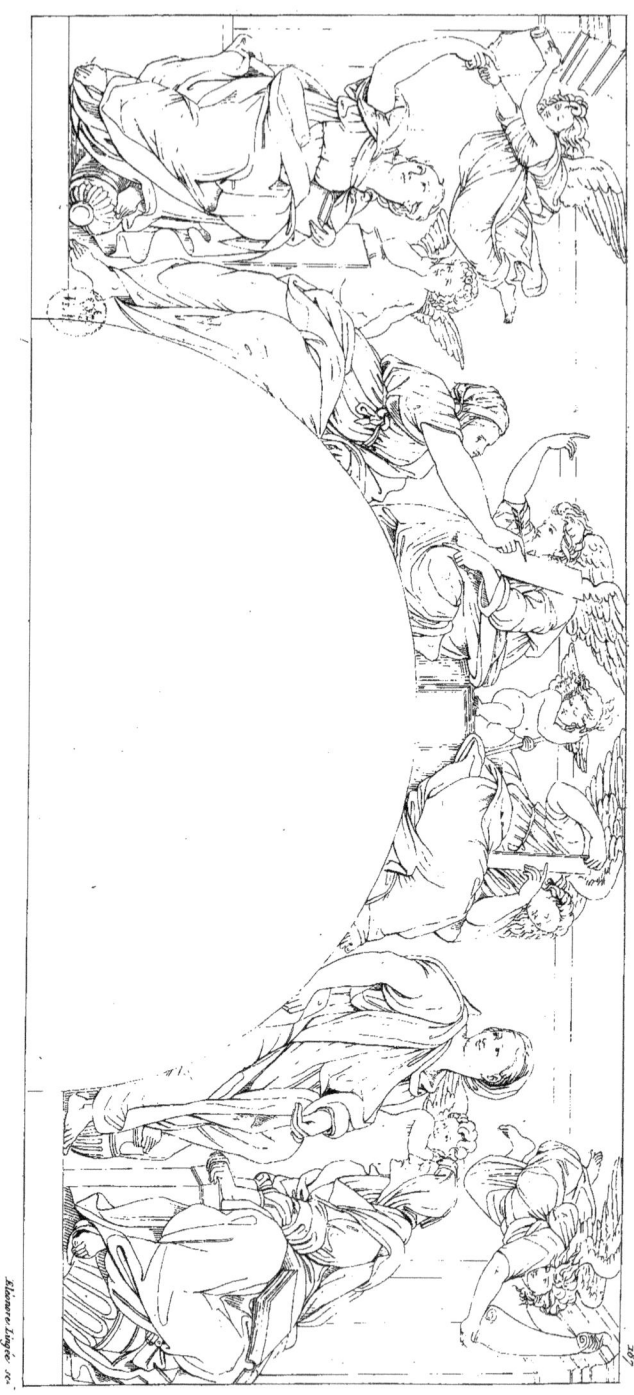

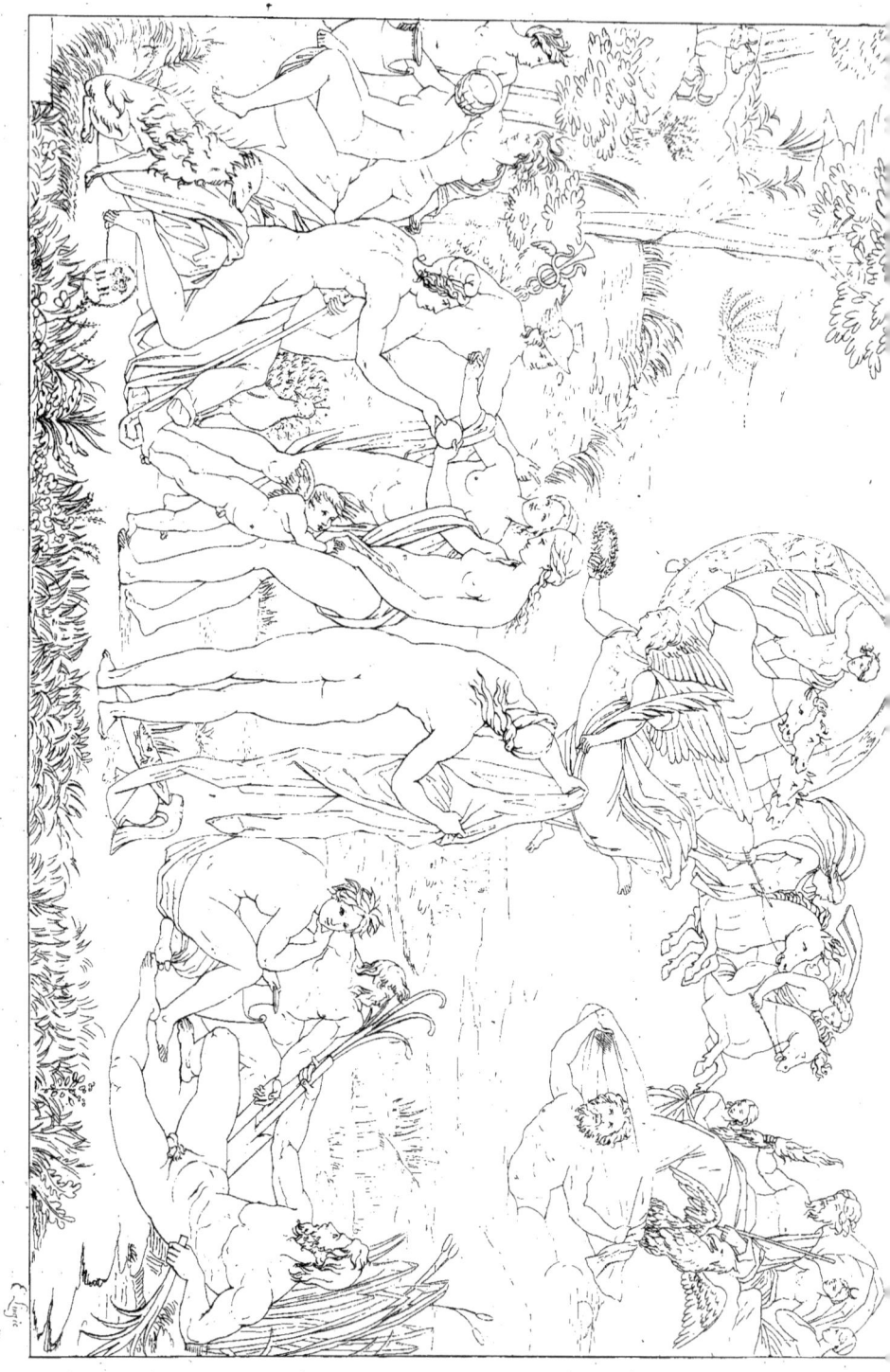

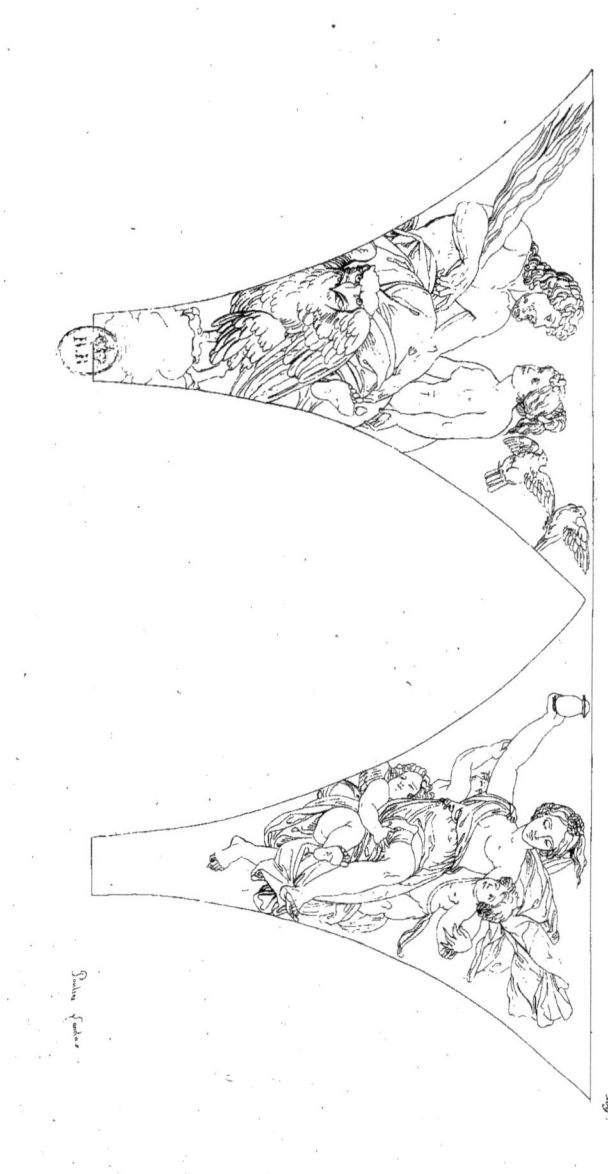

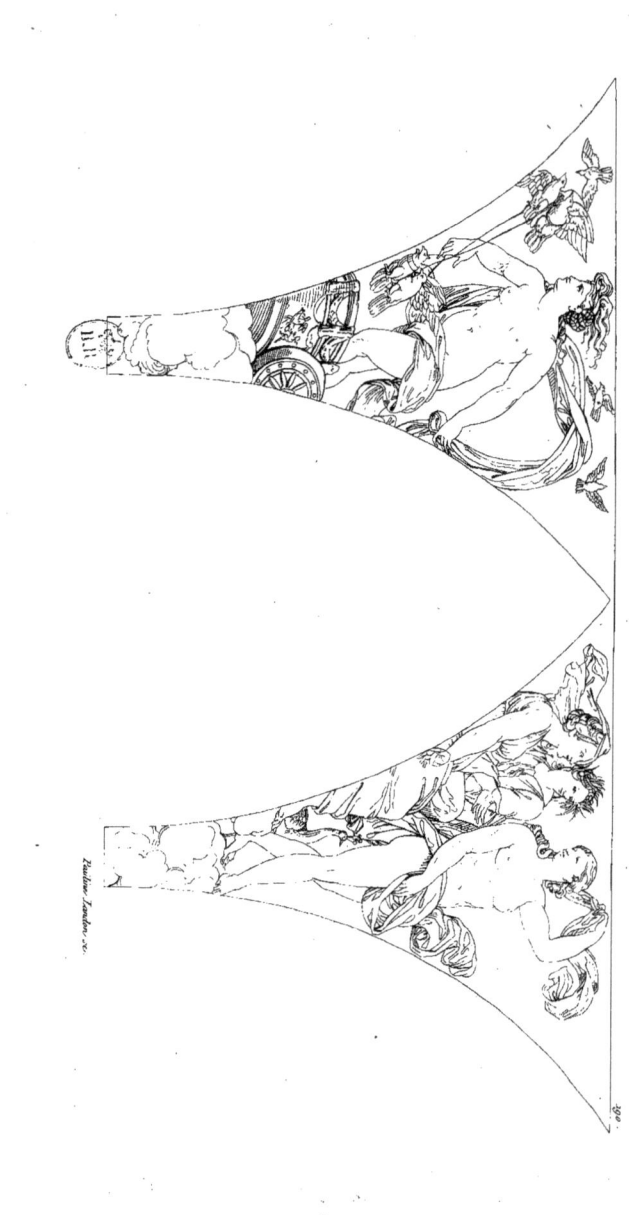

Dujardin Londre Sc.

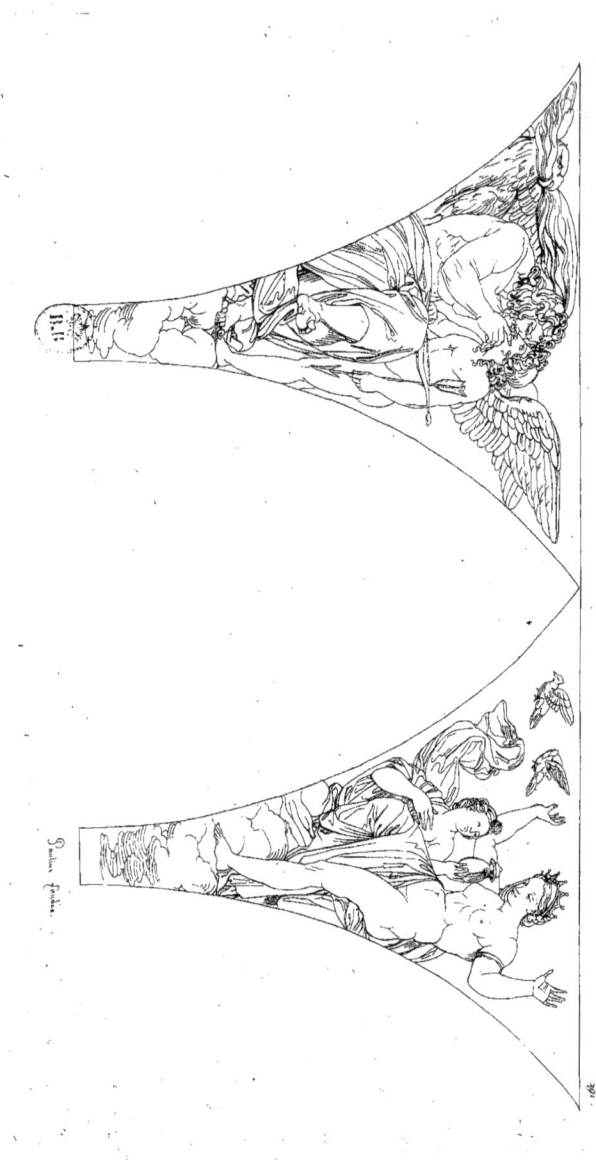

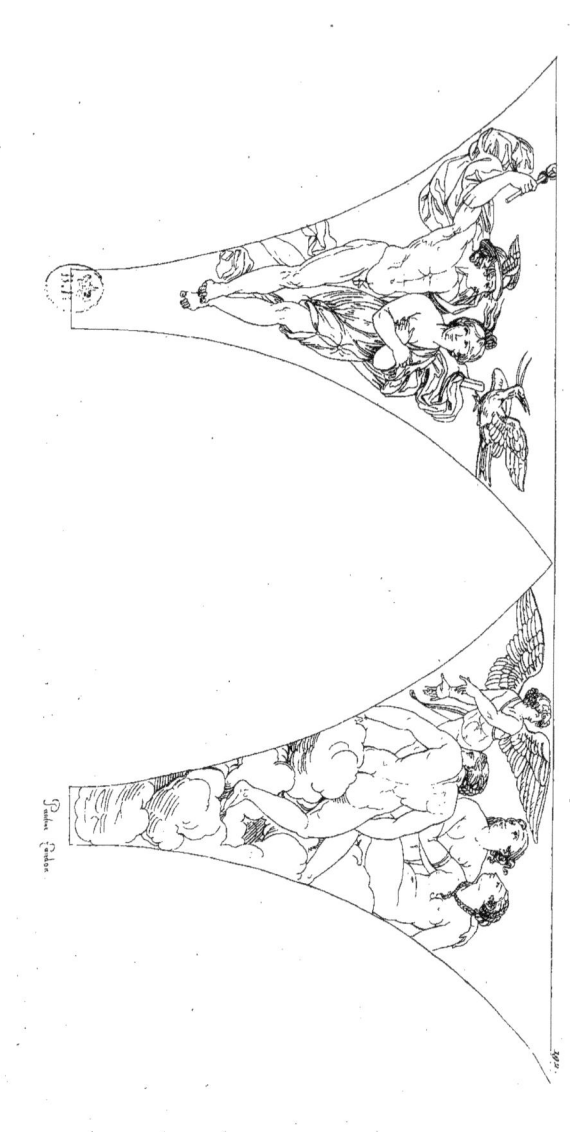

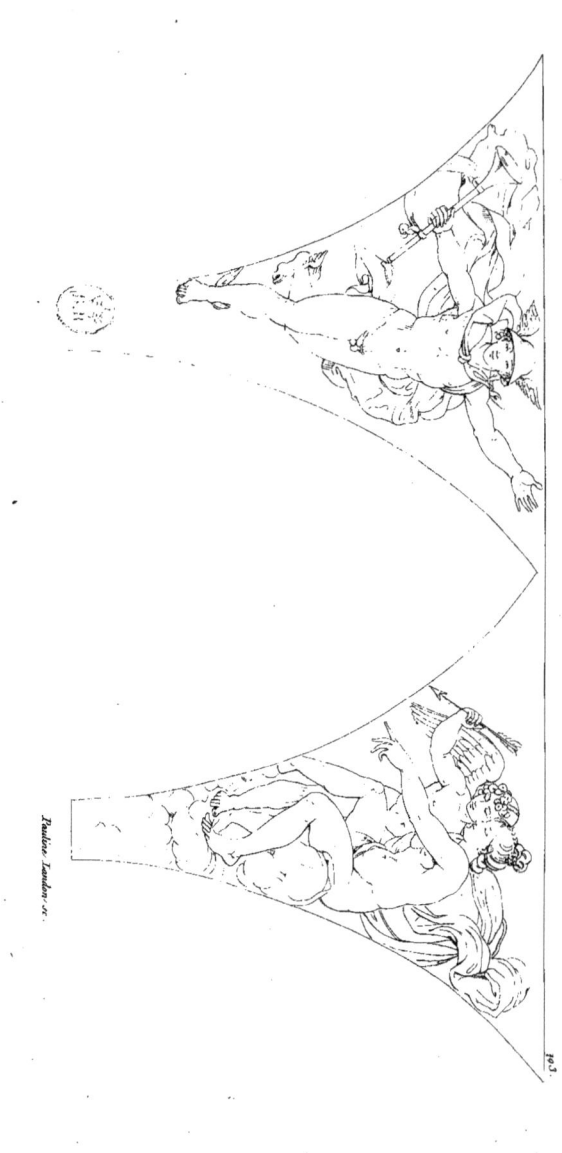

Published London &c.

103.

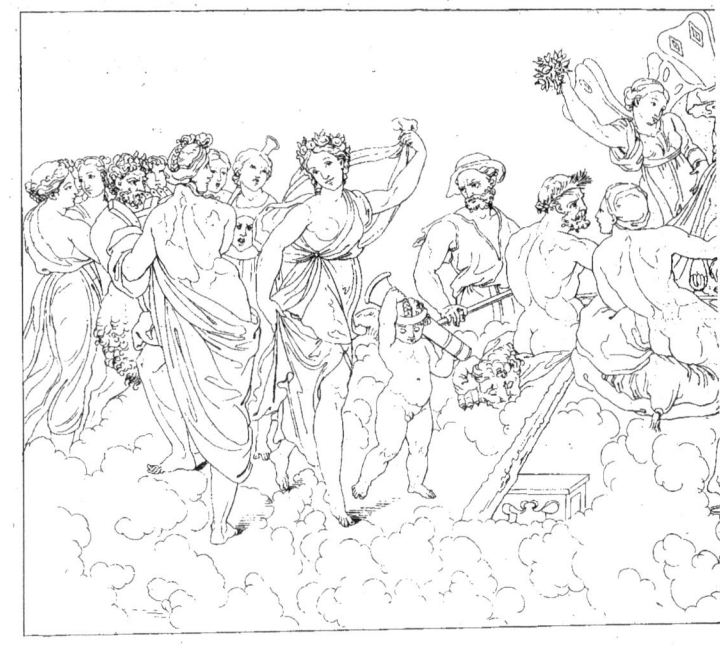

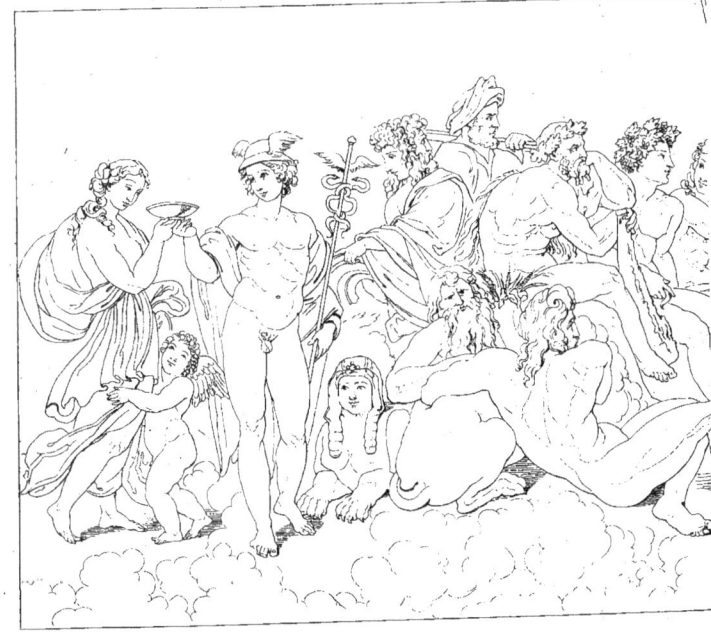

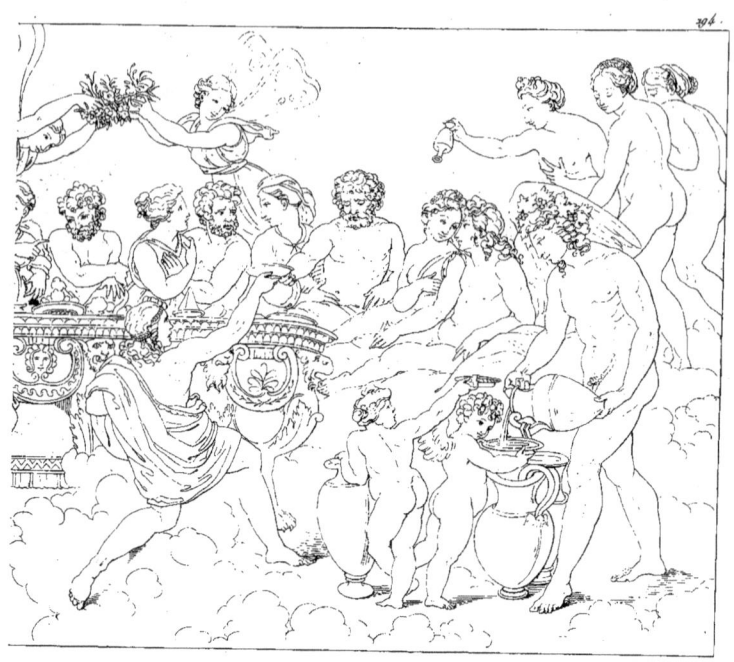

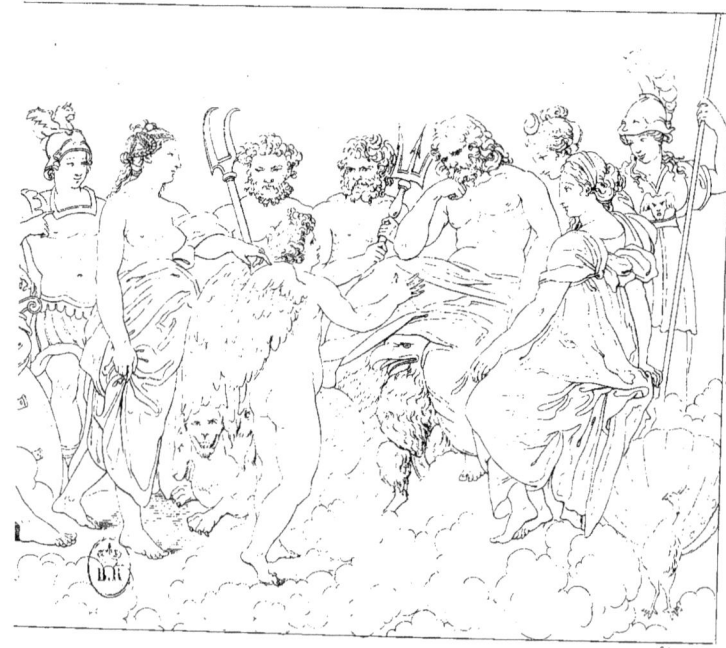

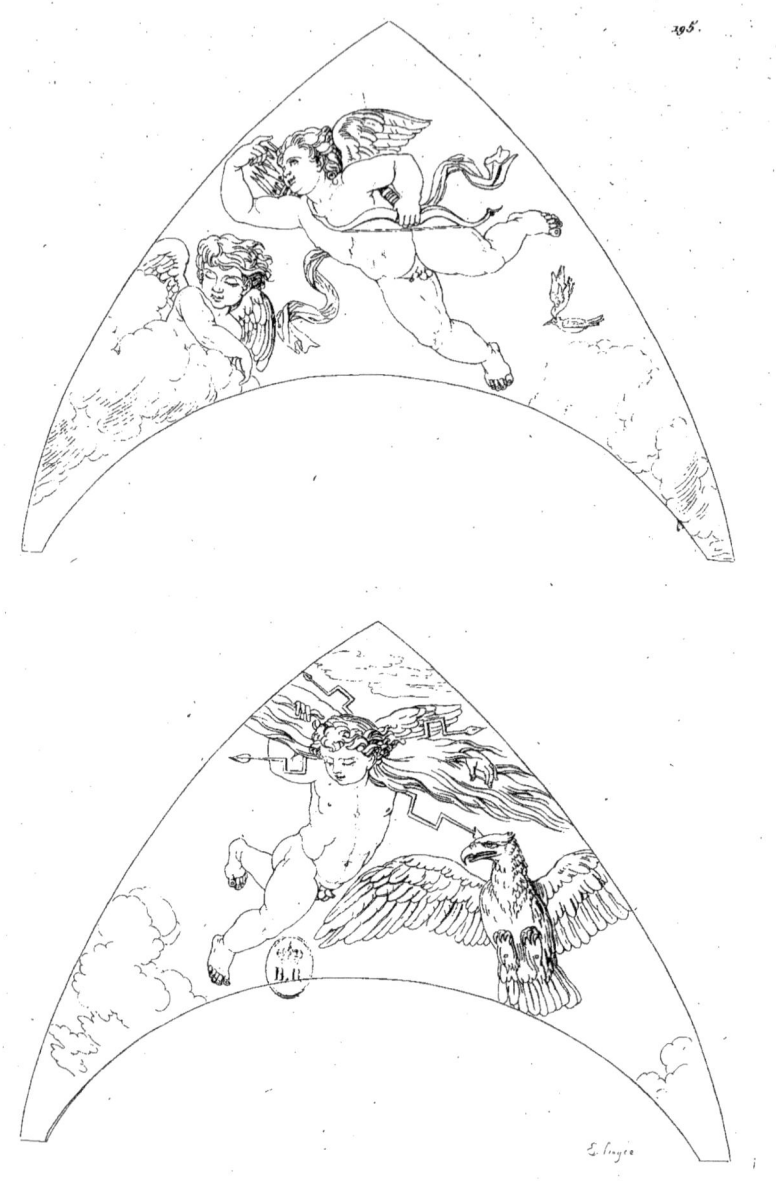

E. Inges

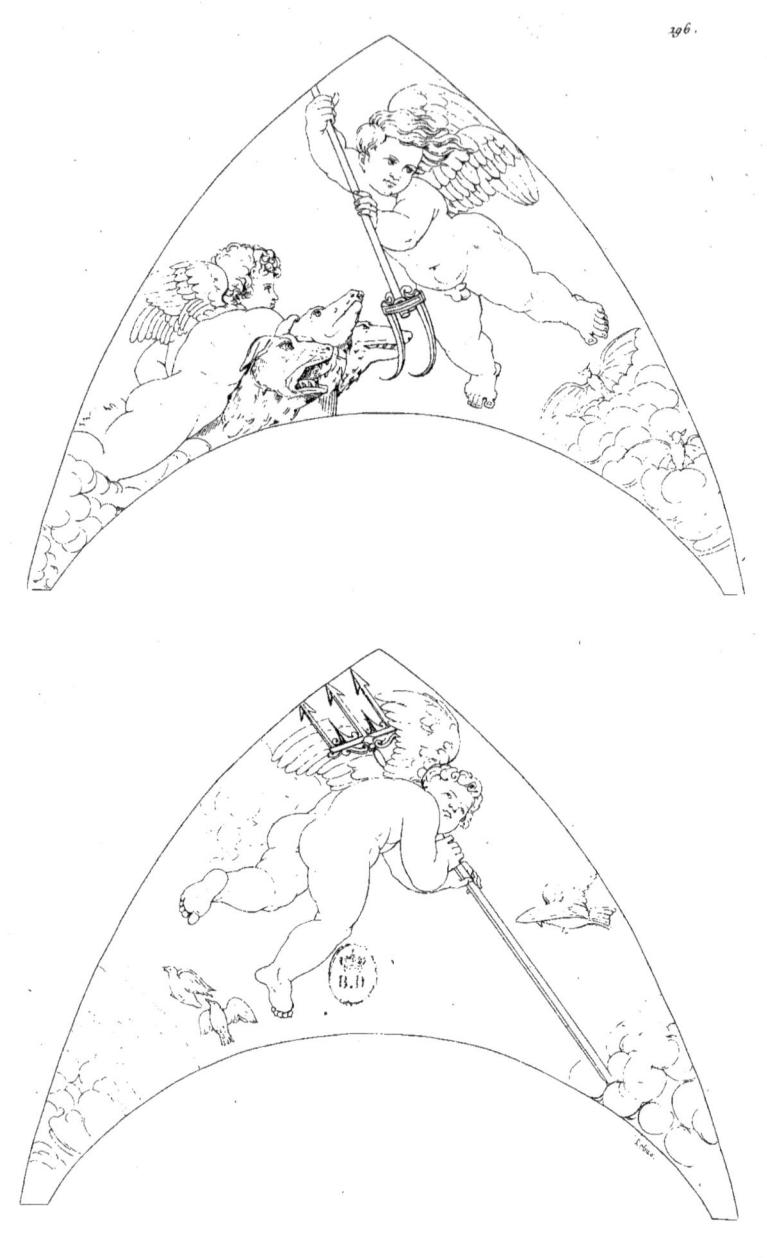

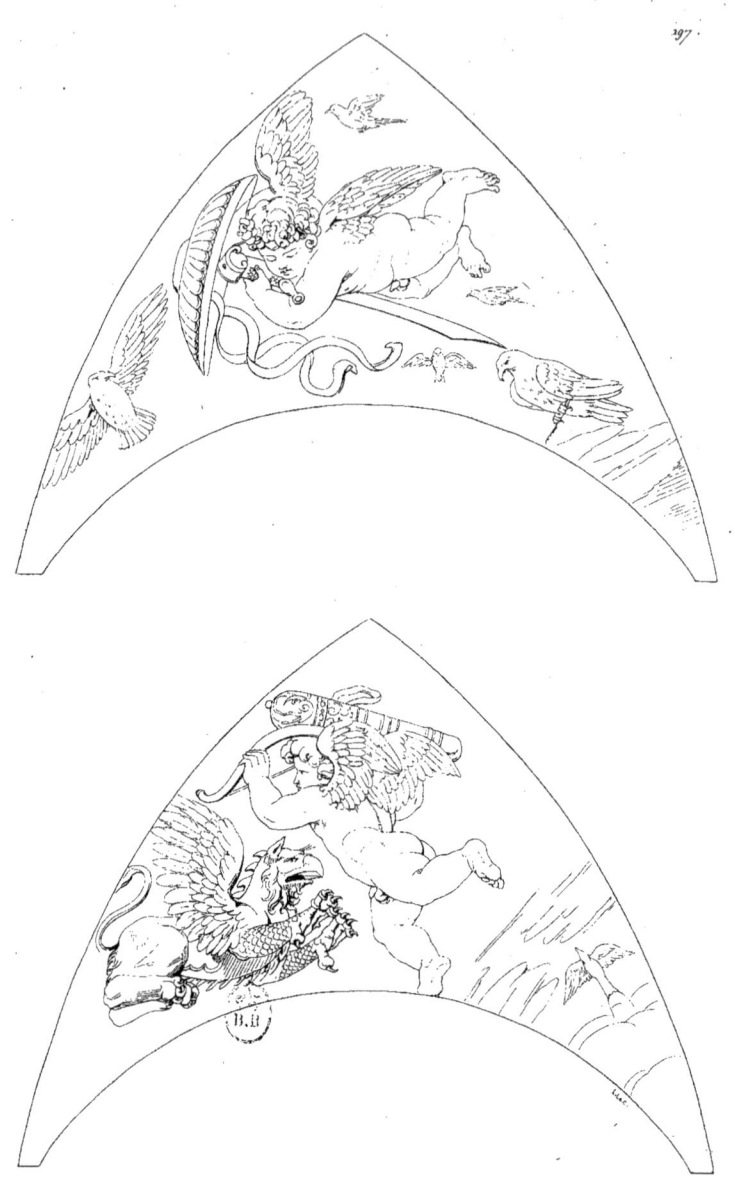

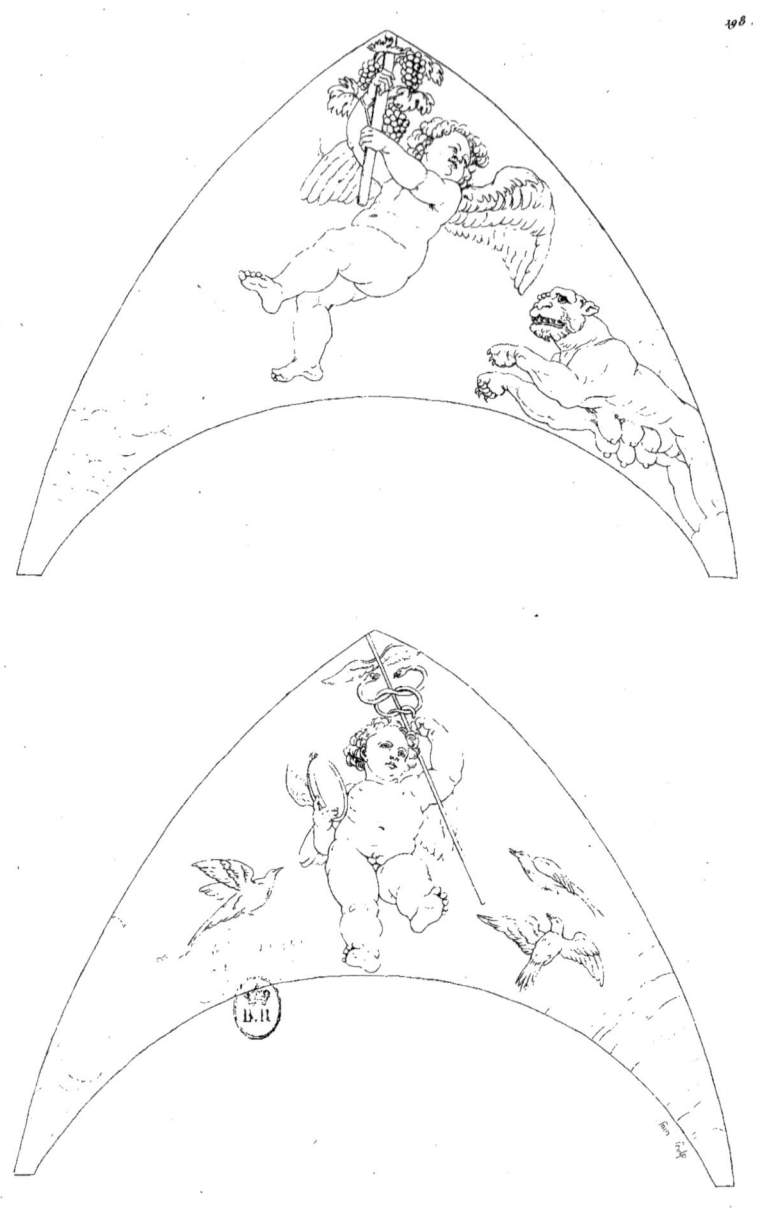

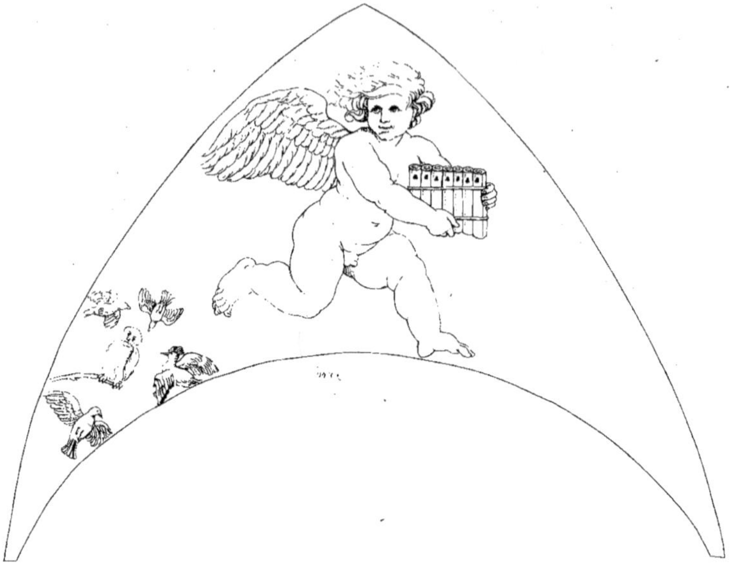

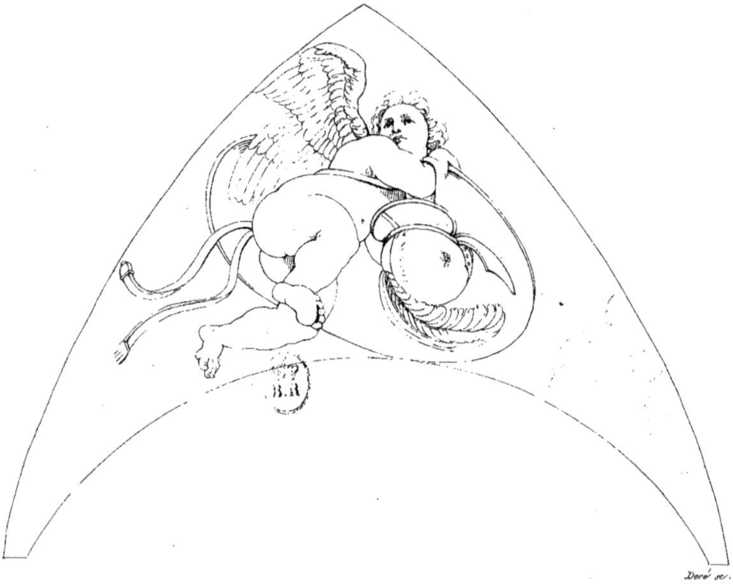

Doré sc.

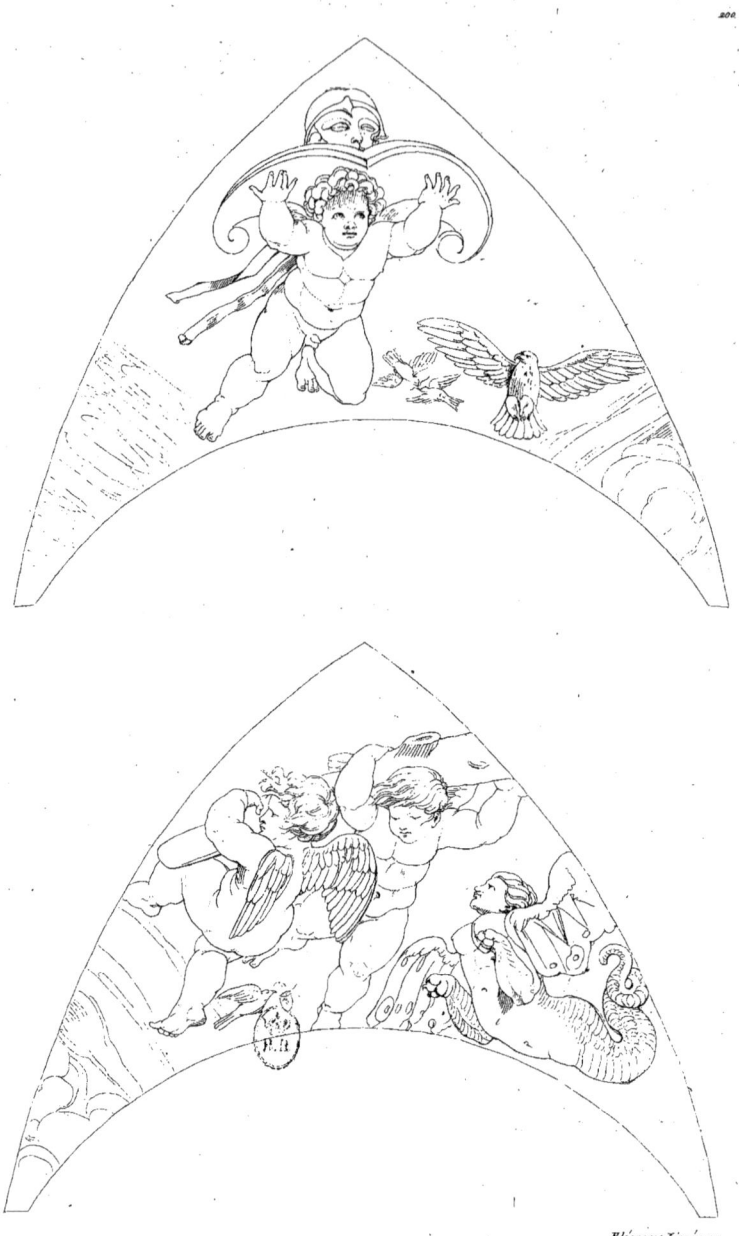

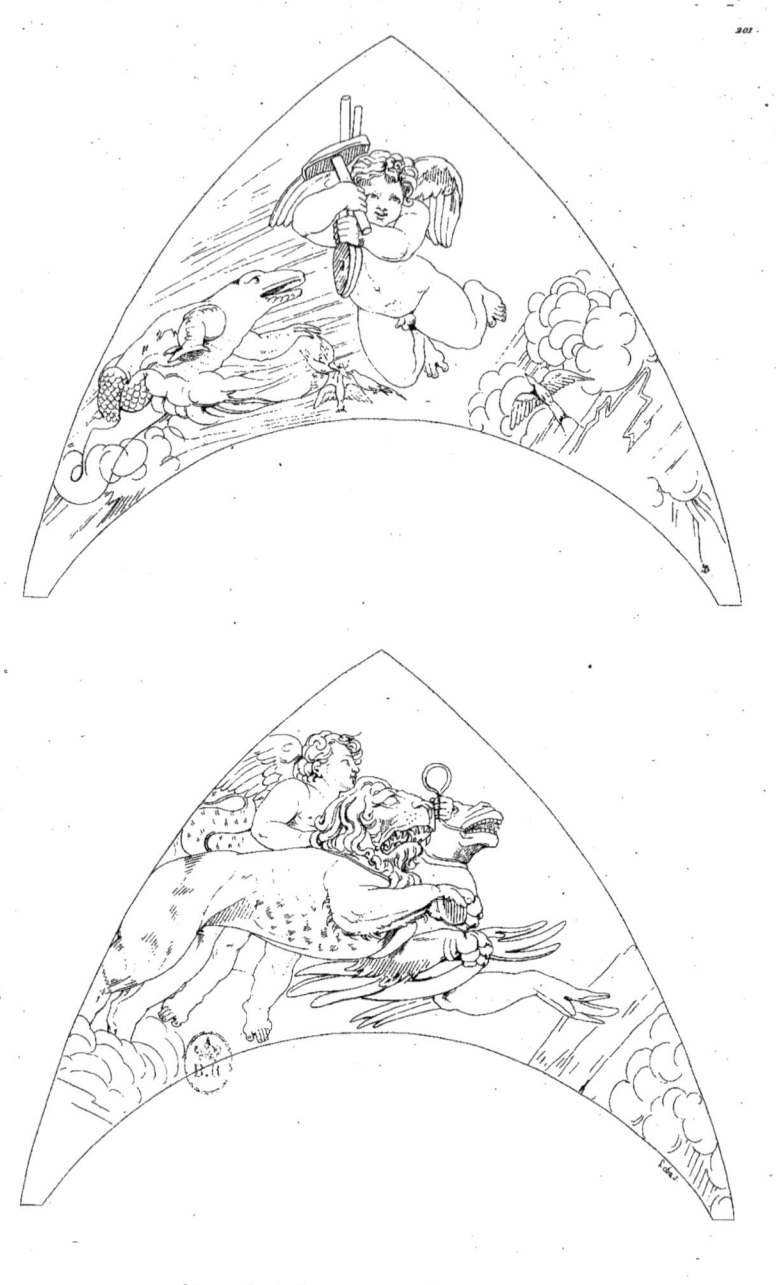

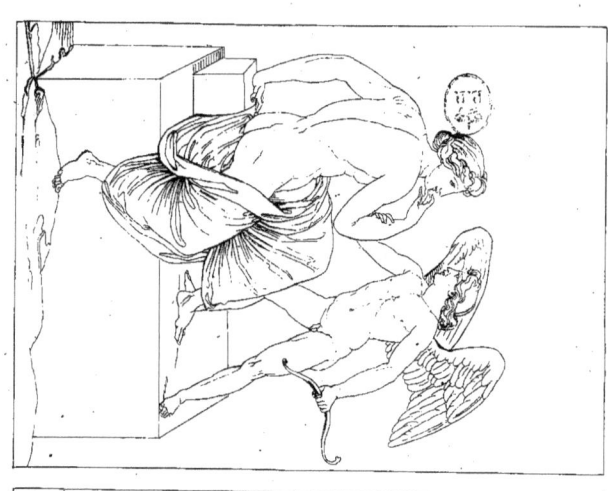

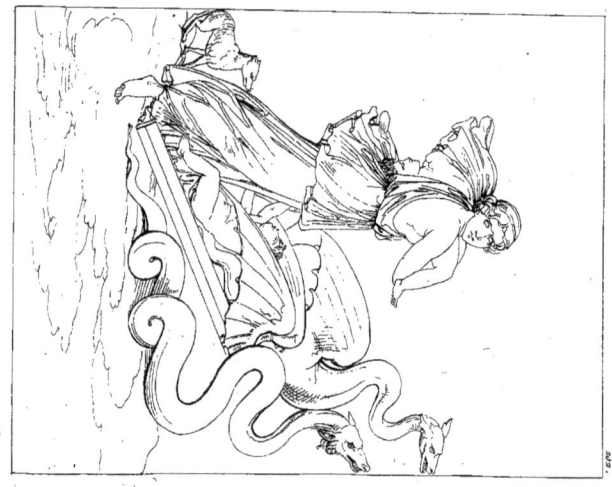

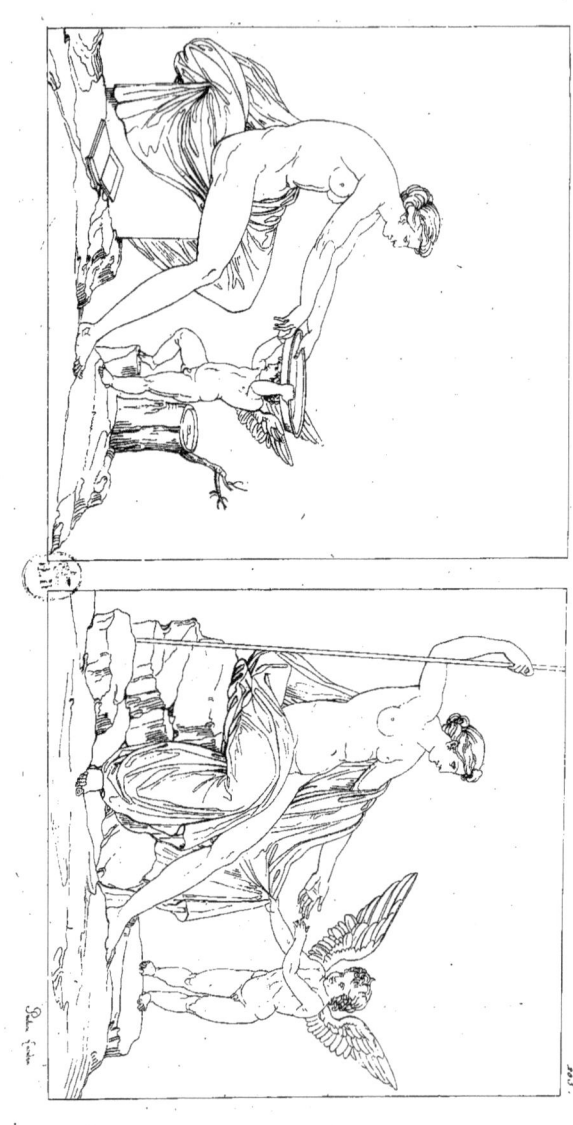

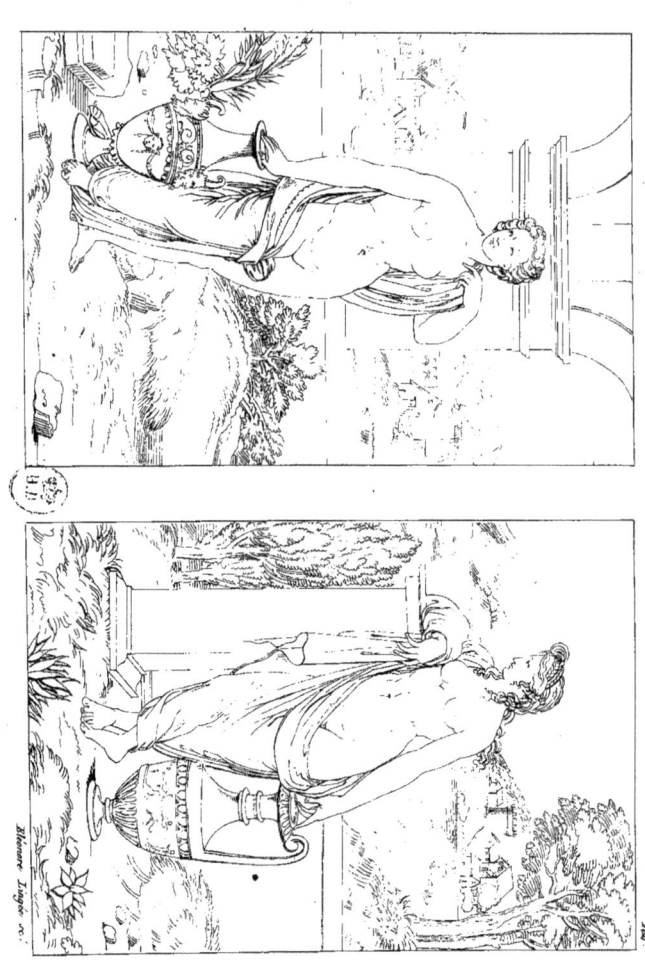

Eleonore Logie sc.

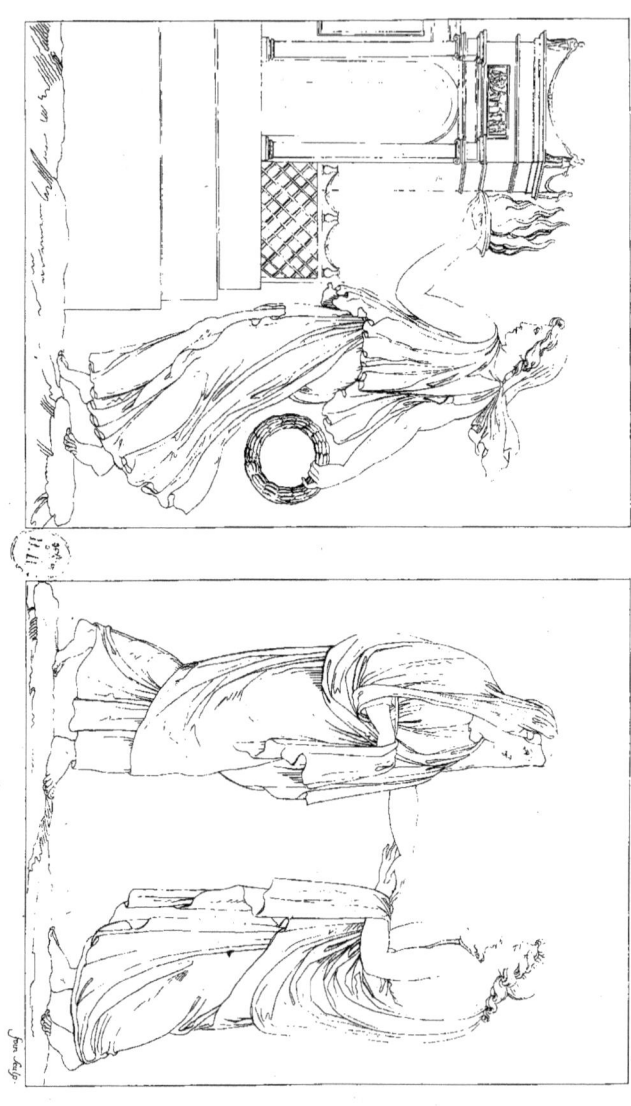

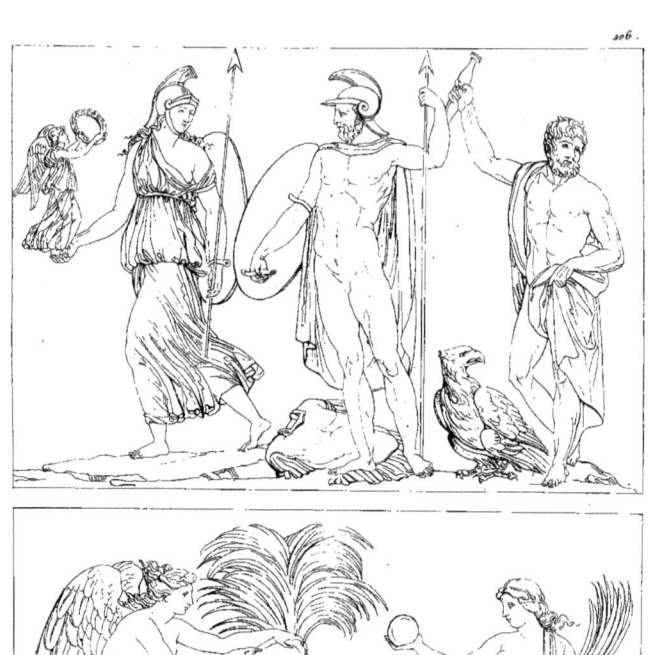

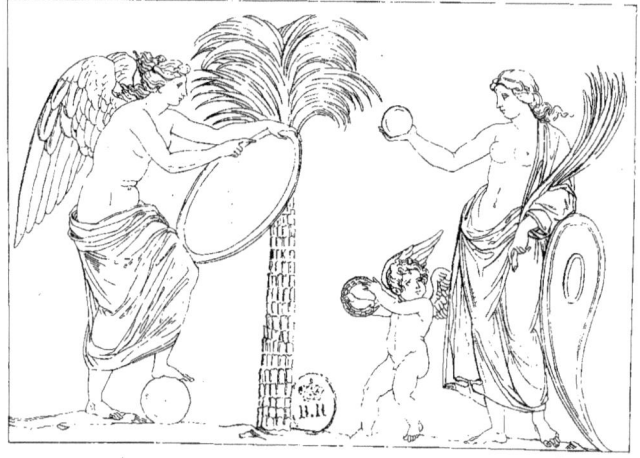

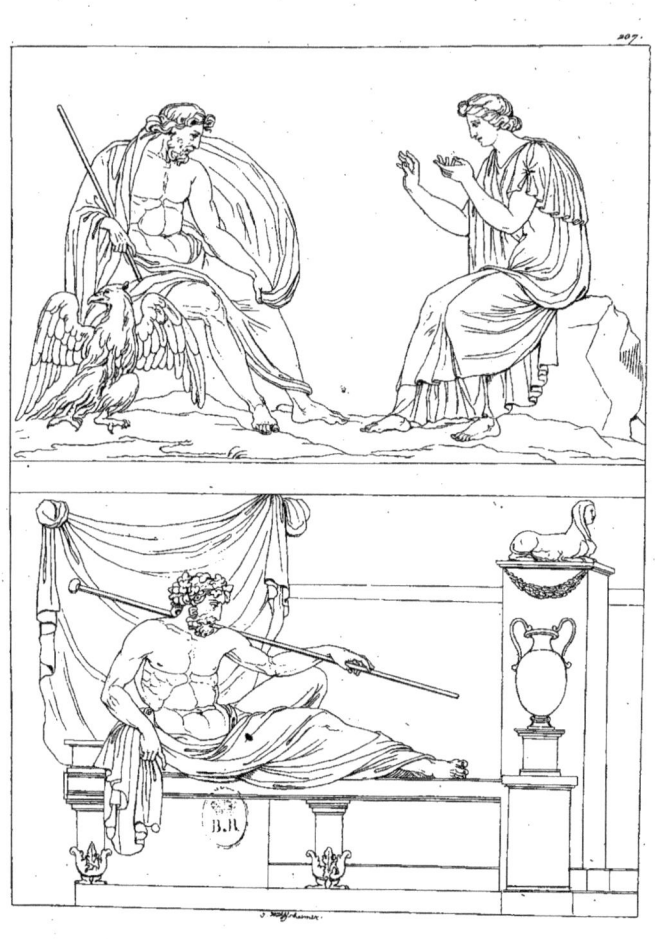

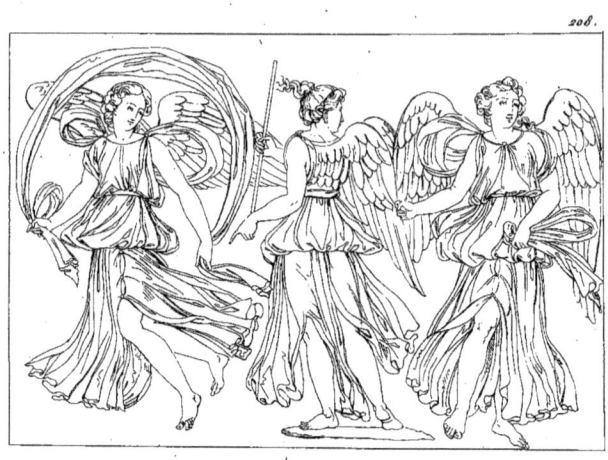

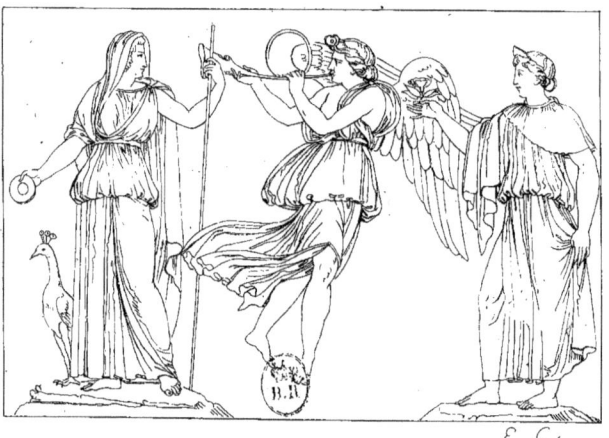

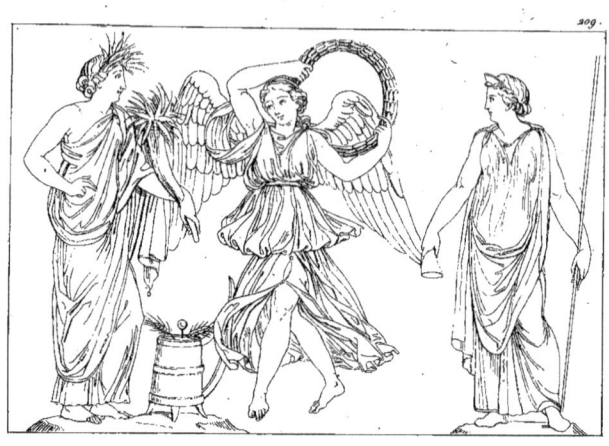

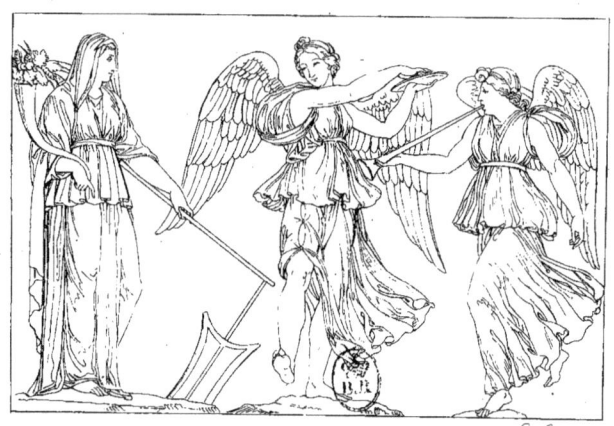

E. Longis

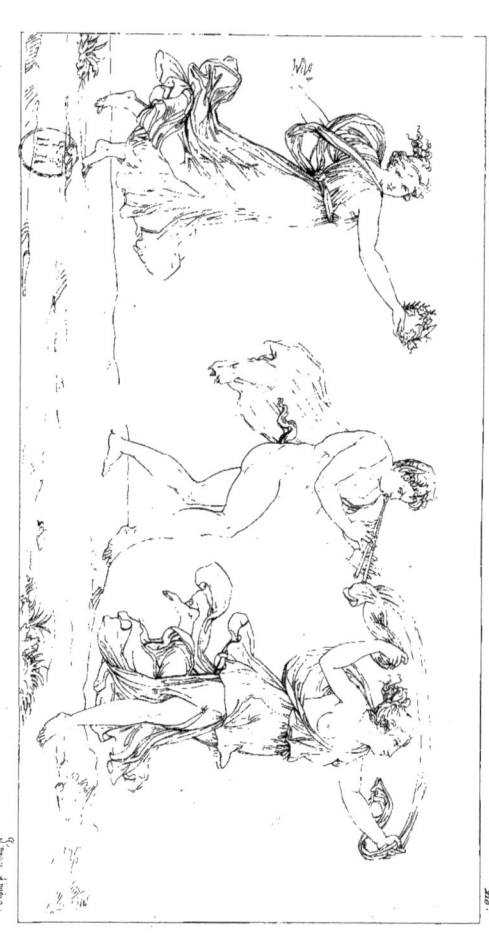

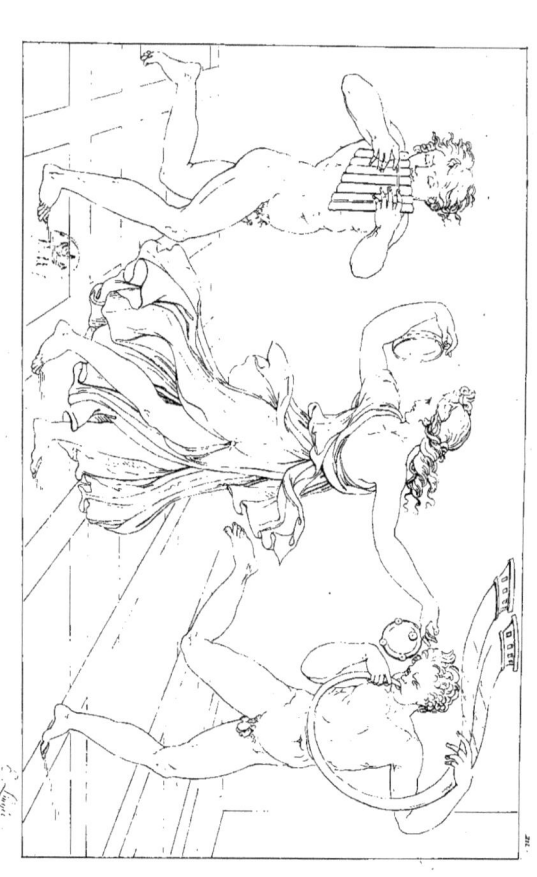

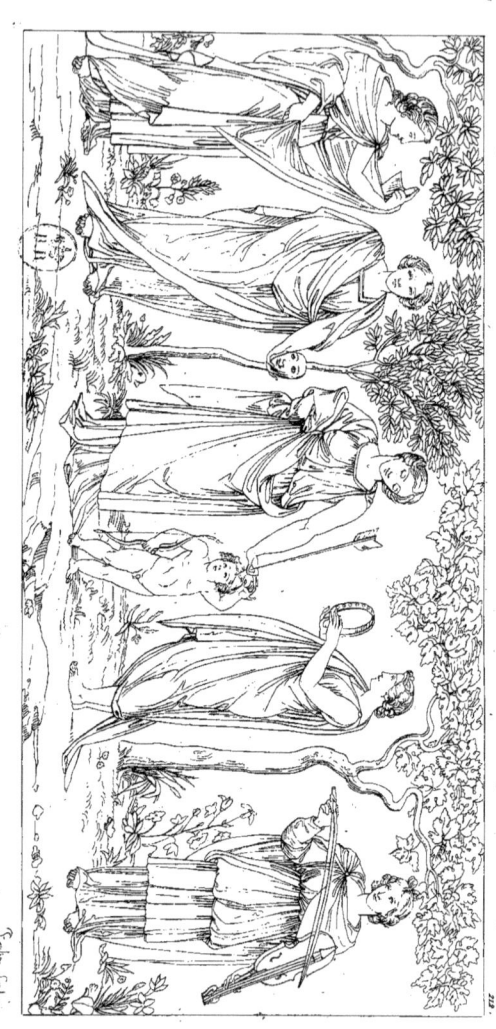

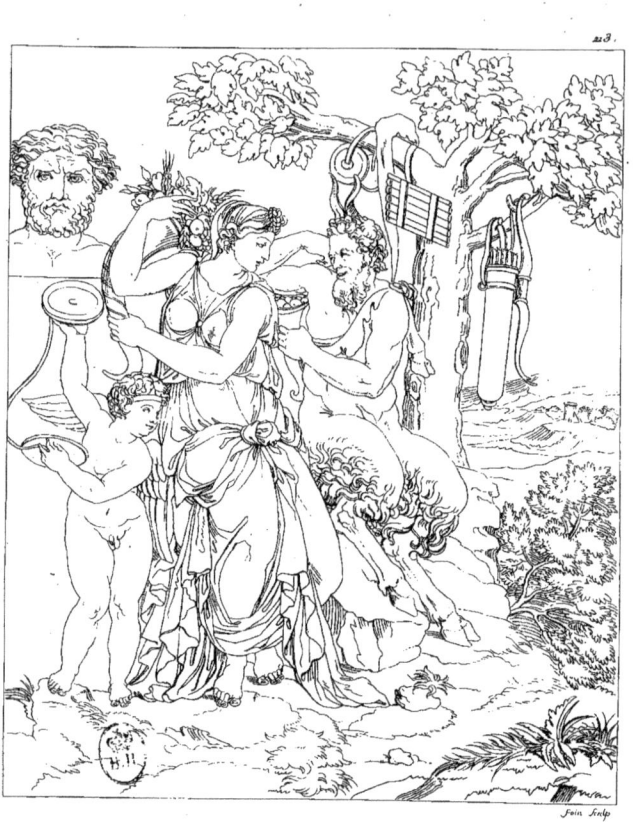

Fein Sculp

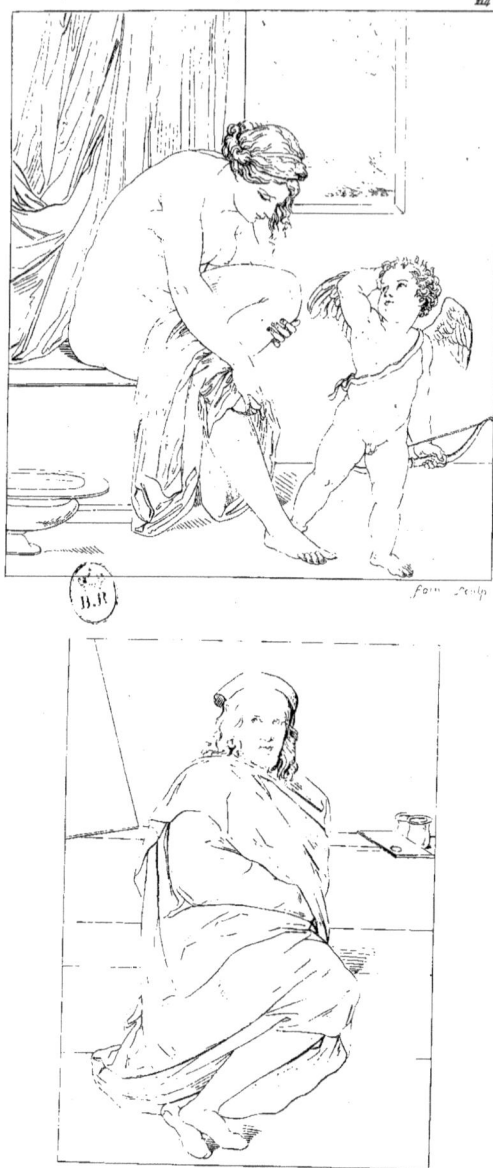

fam Sculp

f. Sculp.

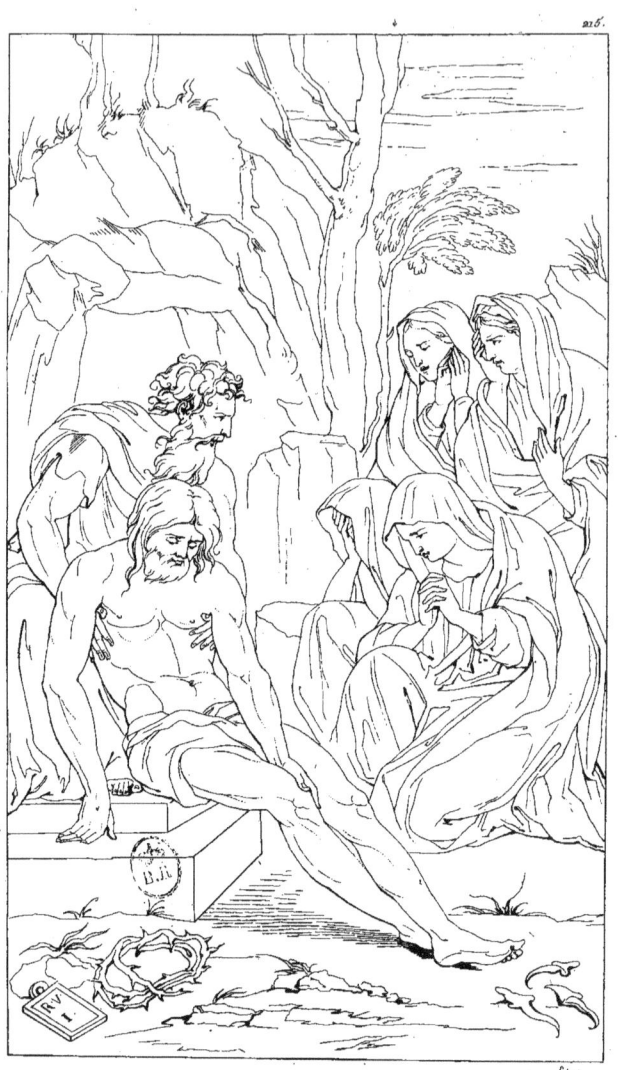

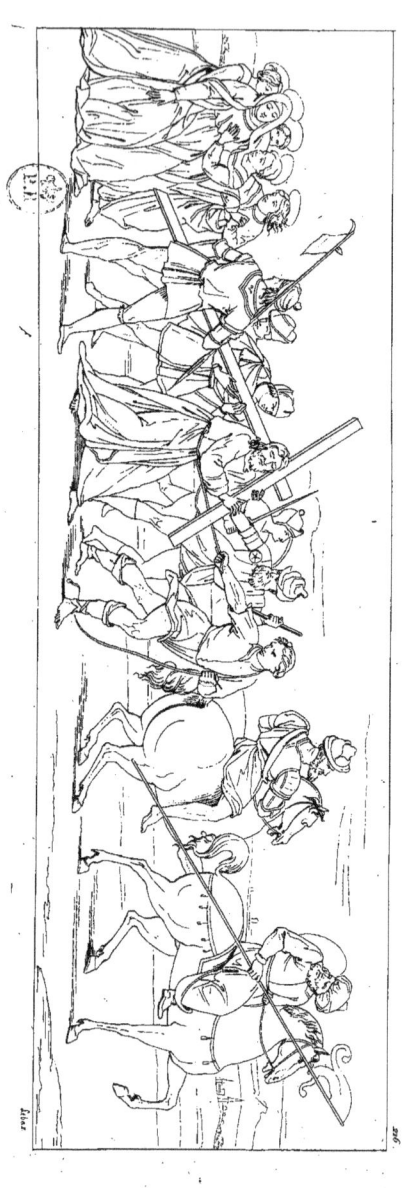

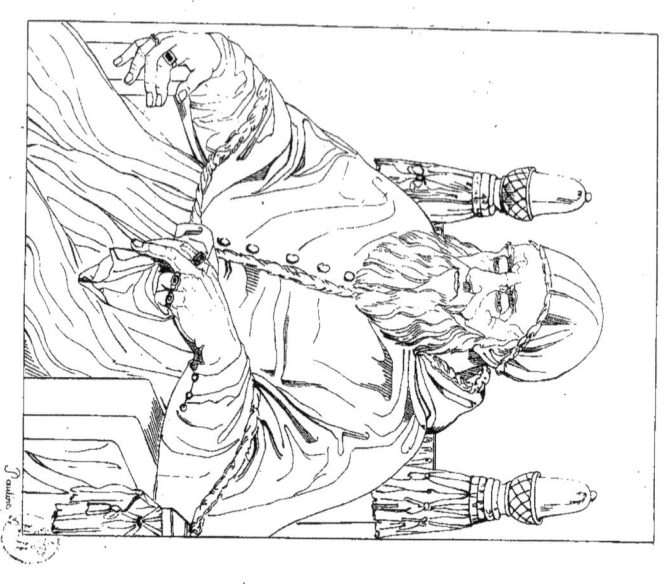

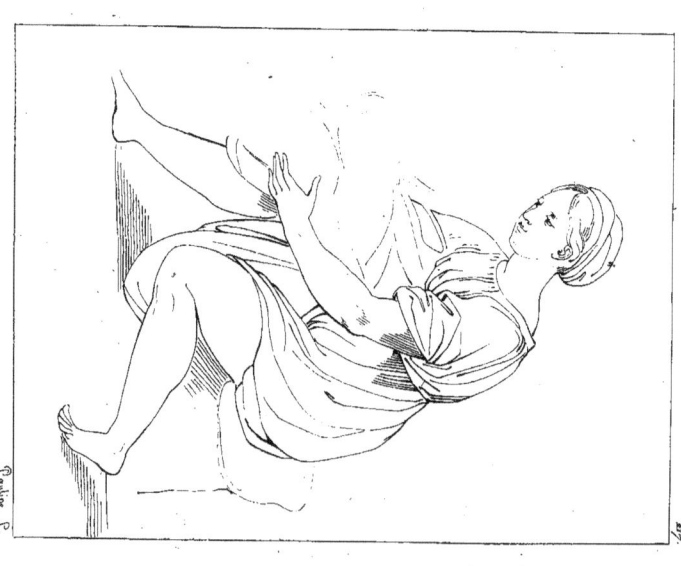

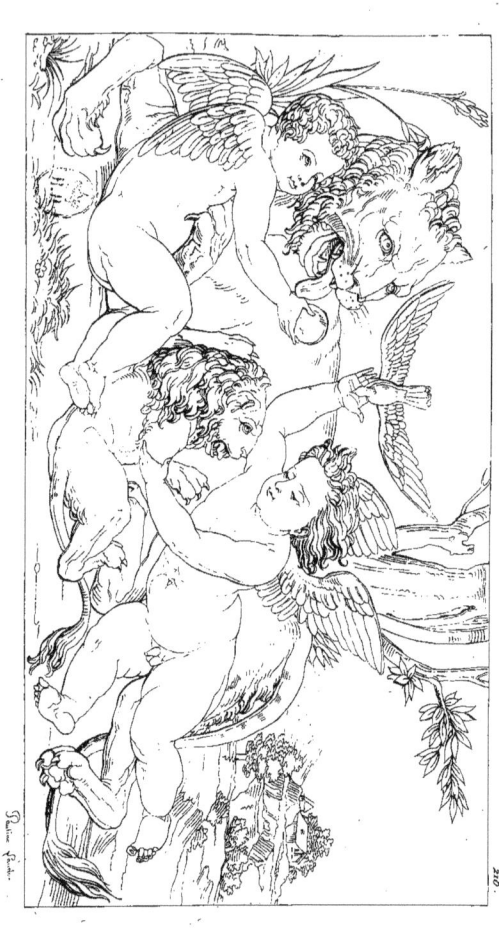

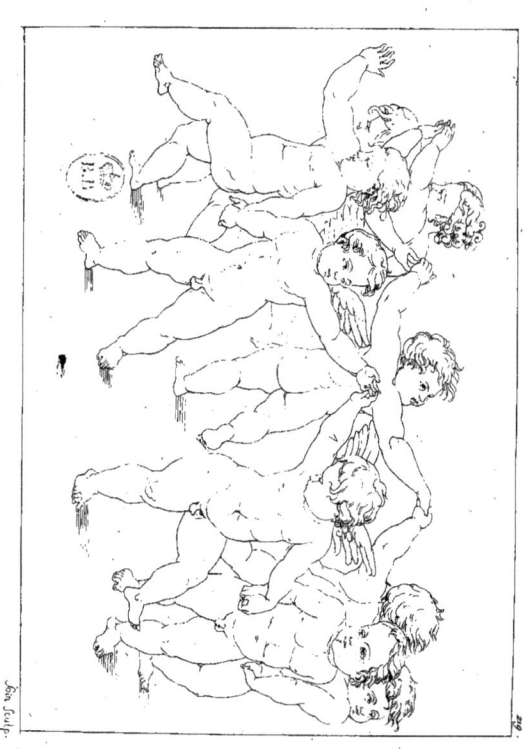

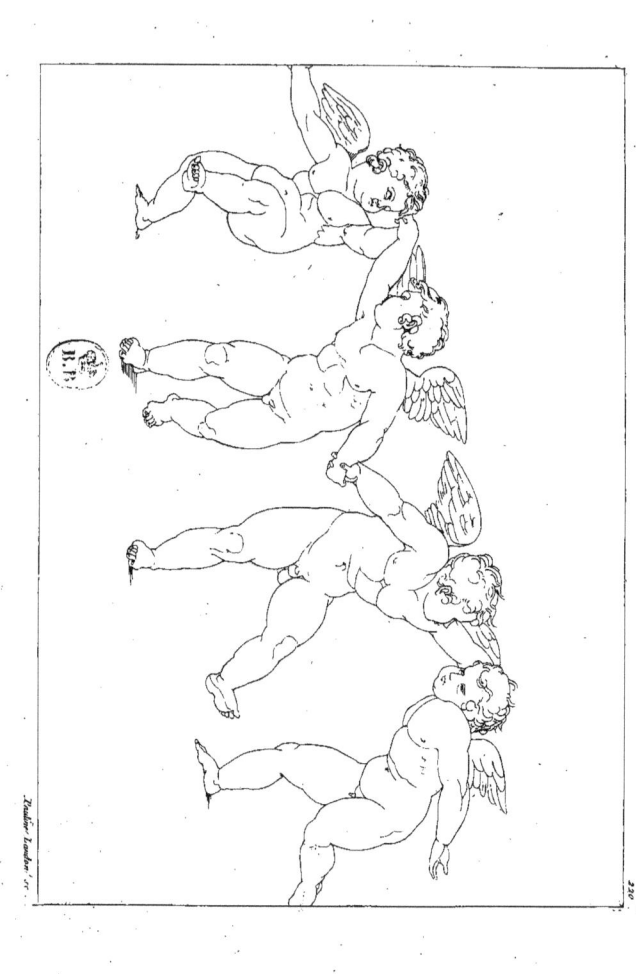

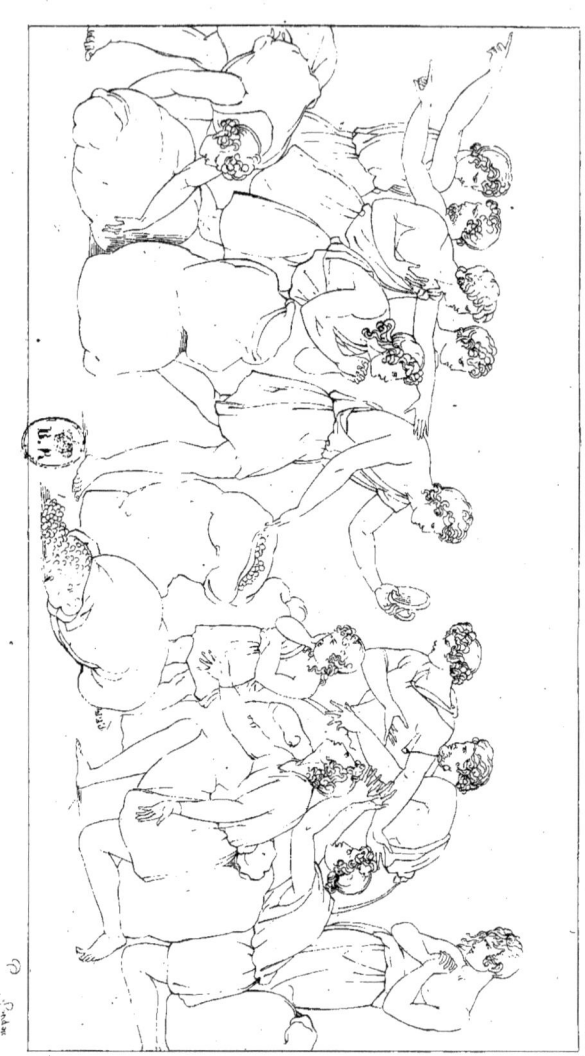

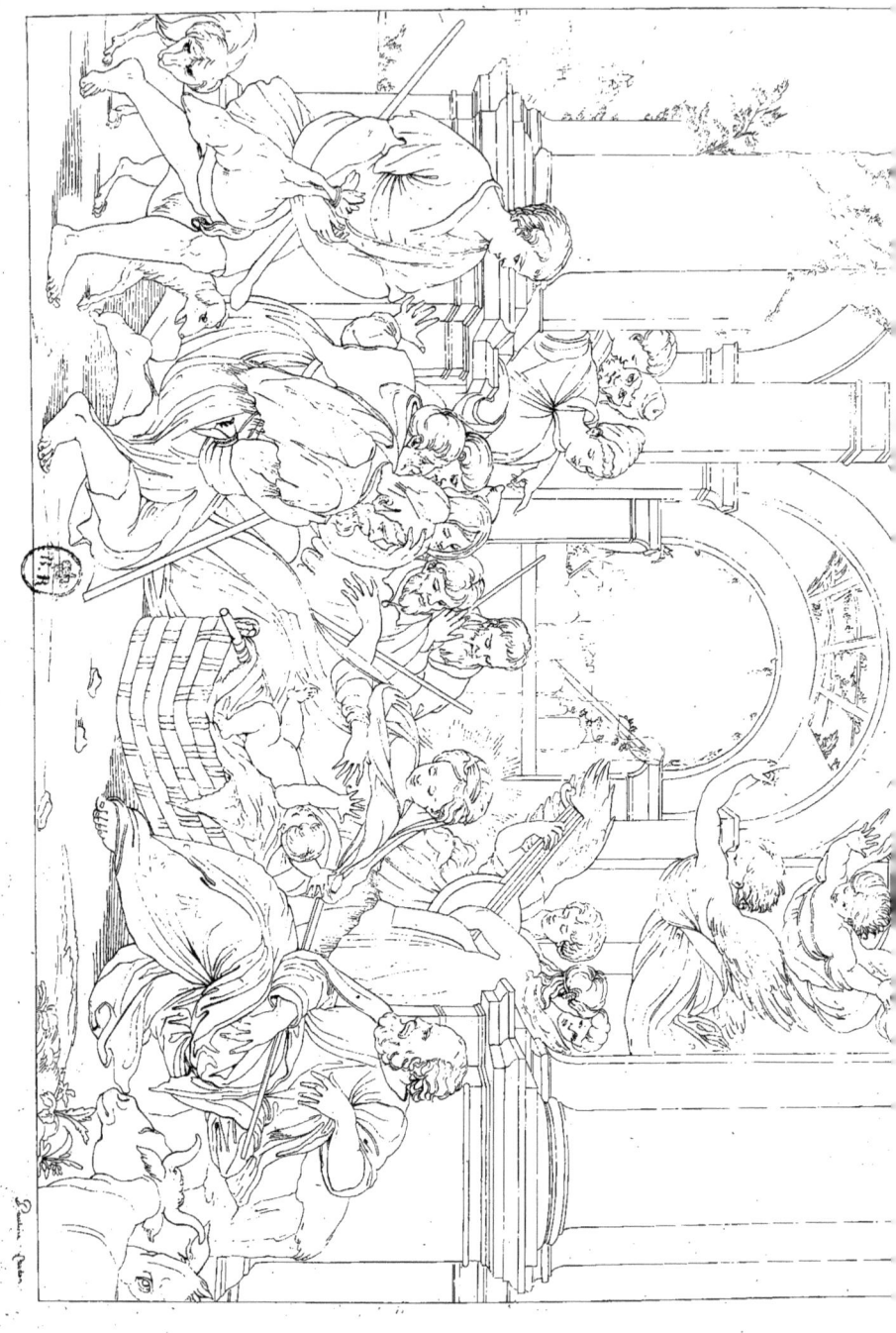

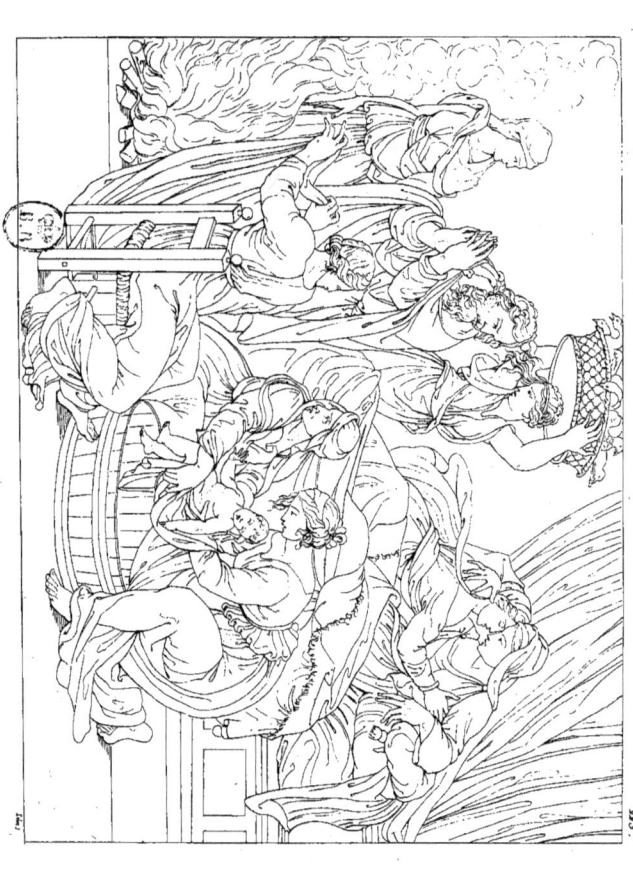

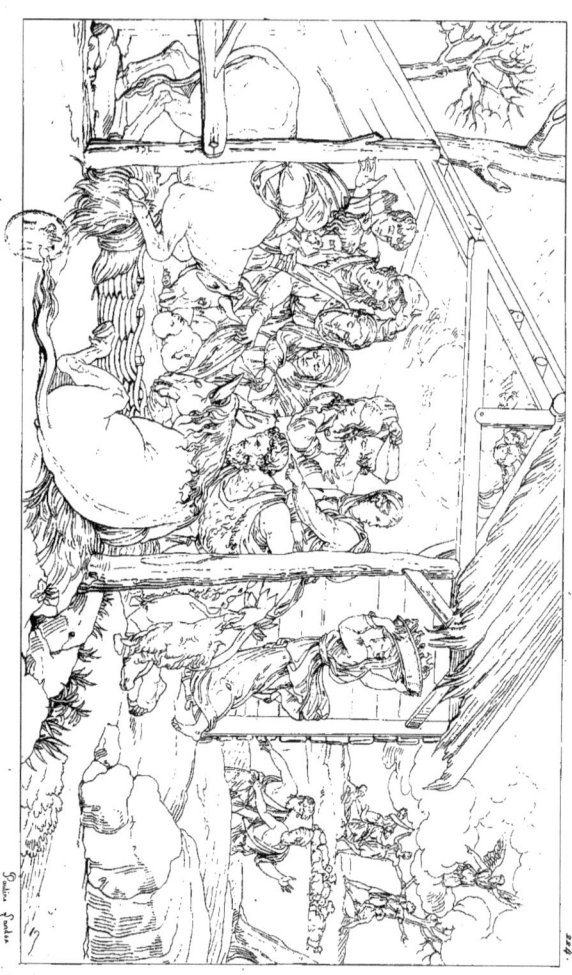

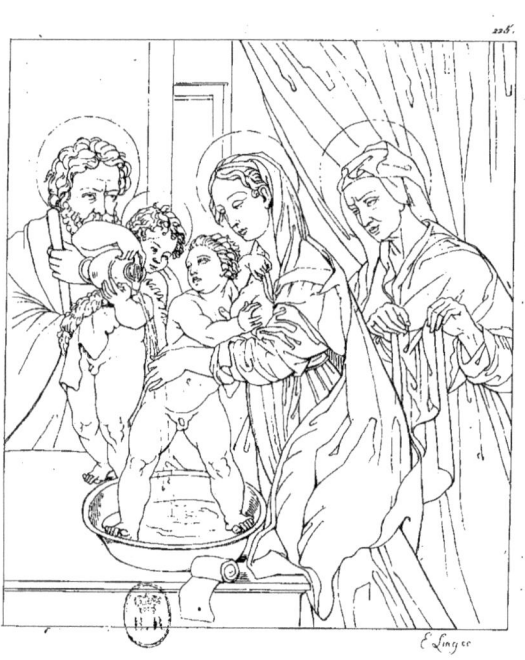

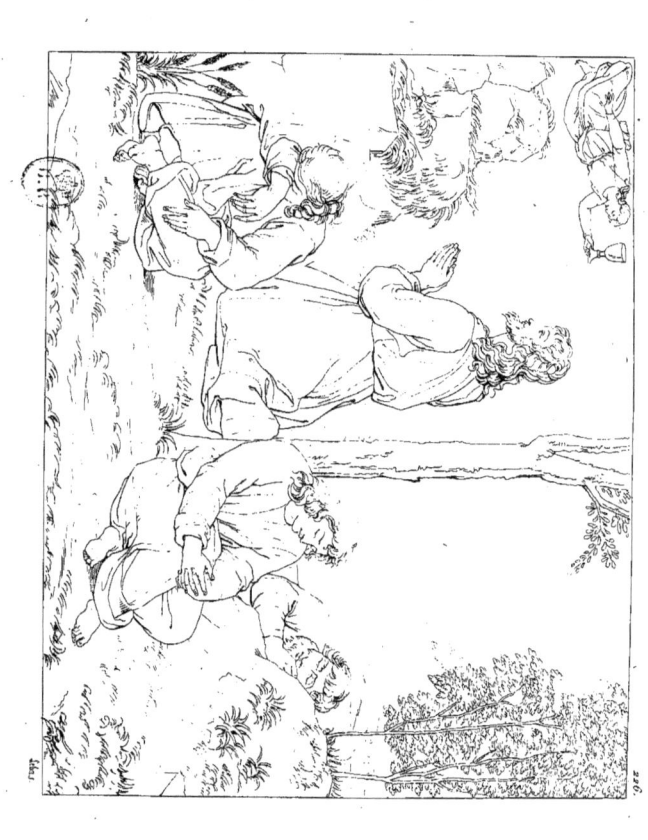

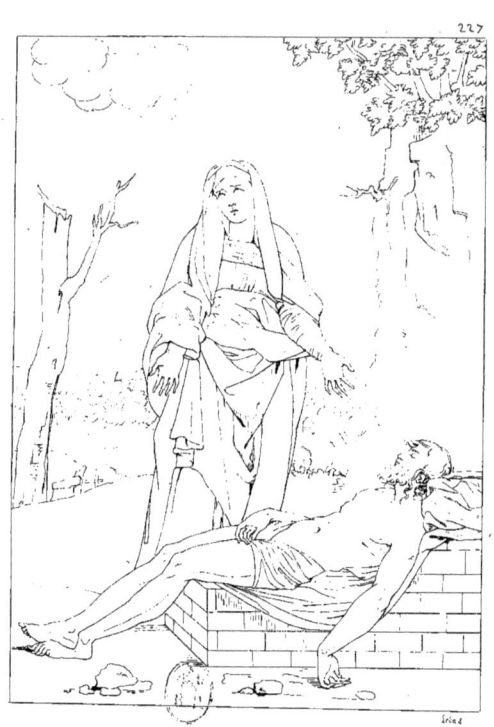

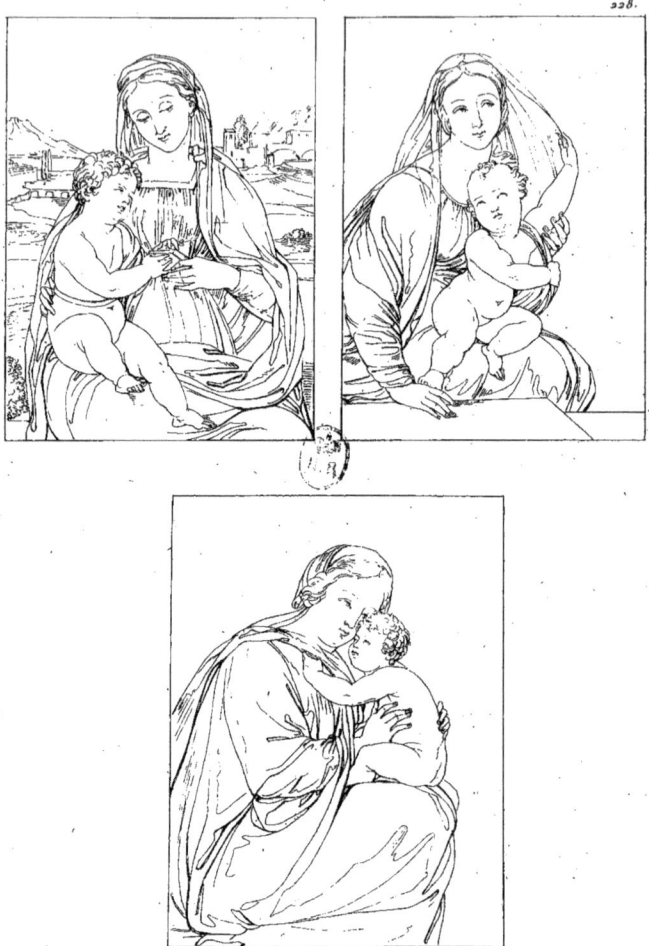

Eléonore Jingie sc.

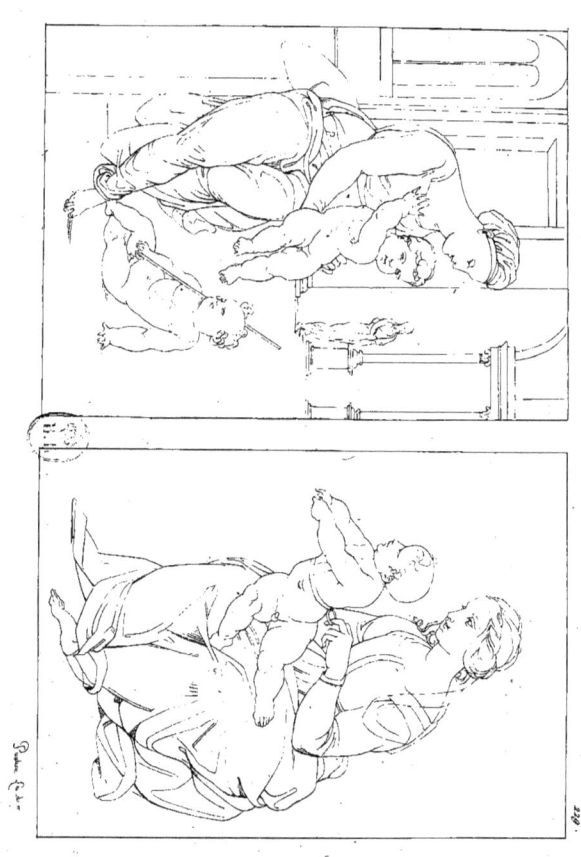

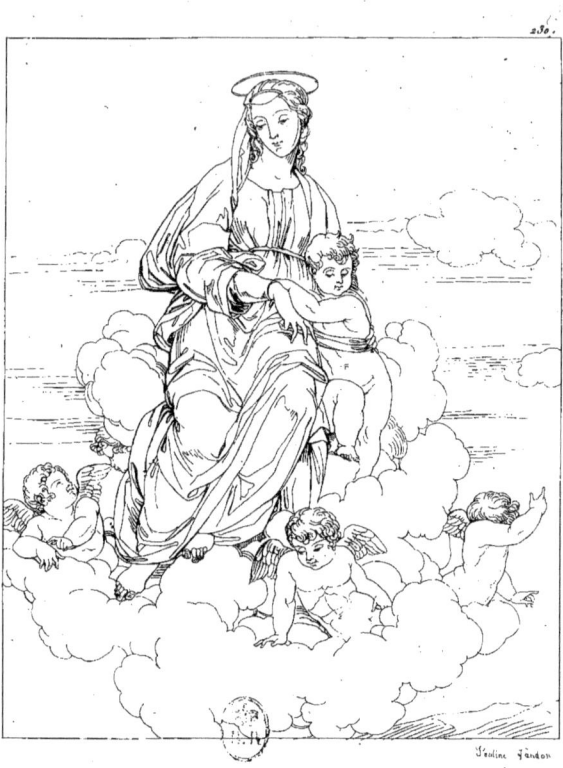

Pauline Gandon

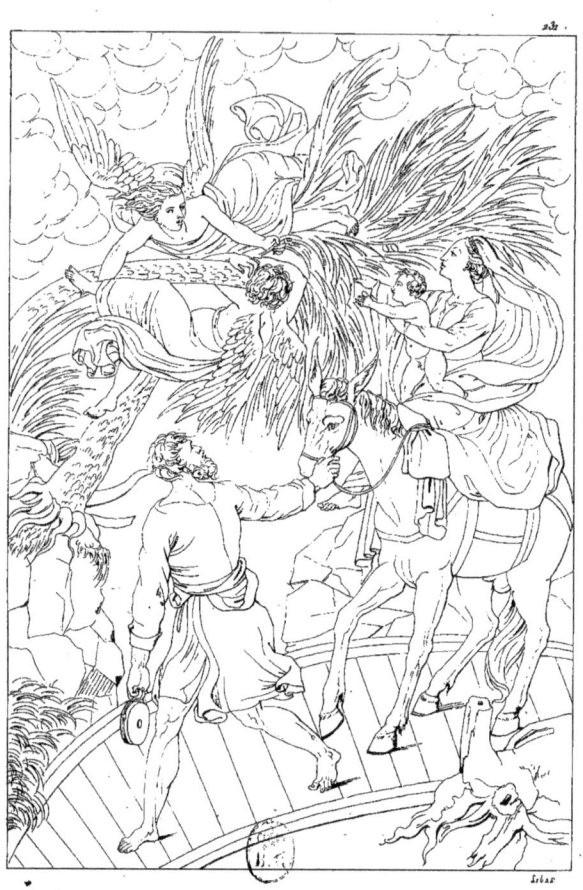

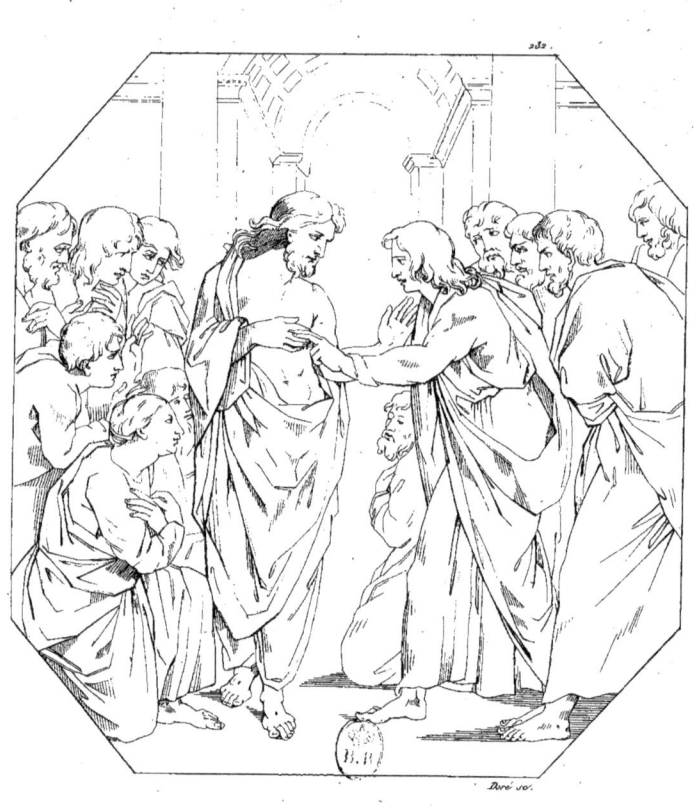

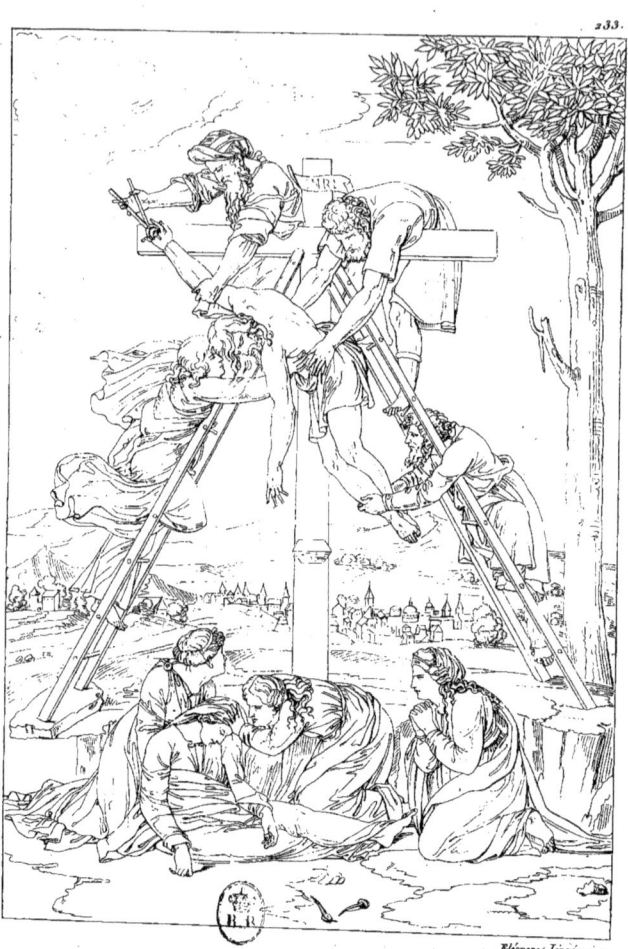

Eléonore Lingée sc.

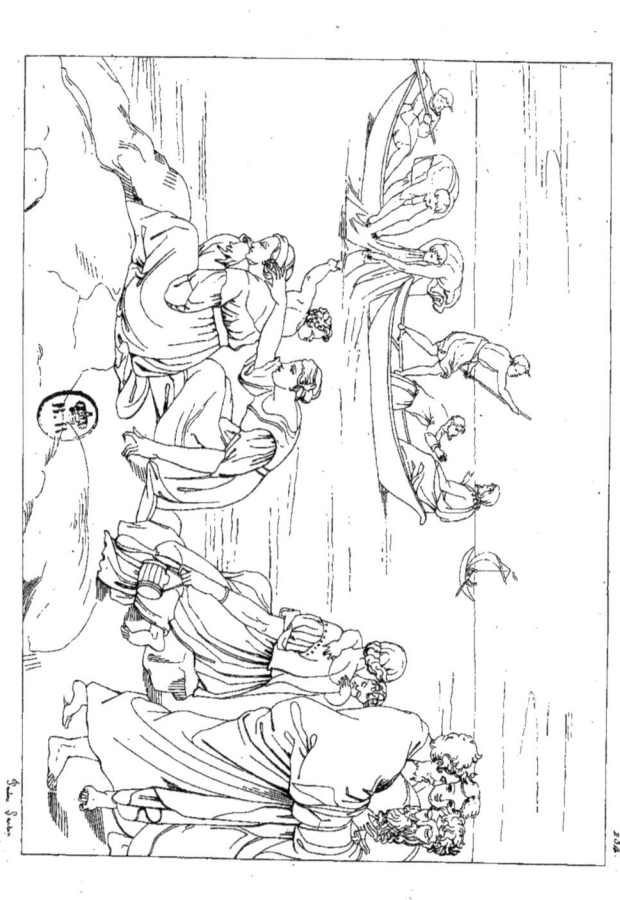

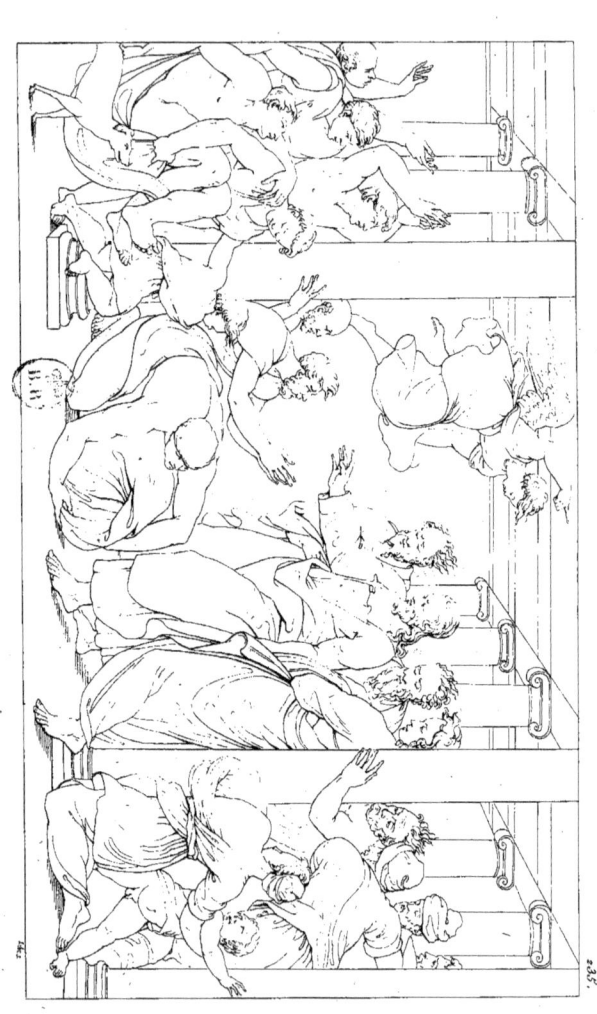

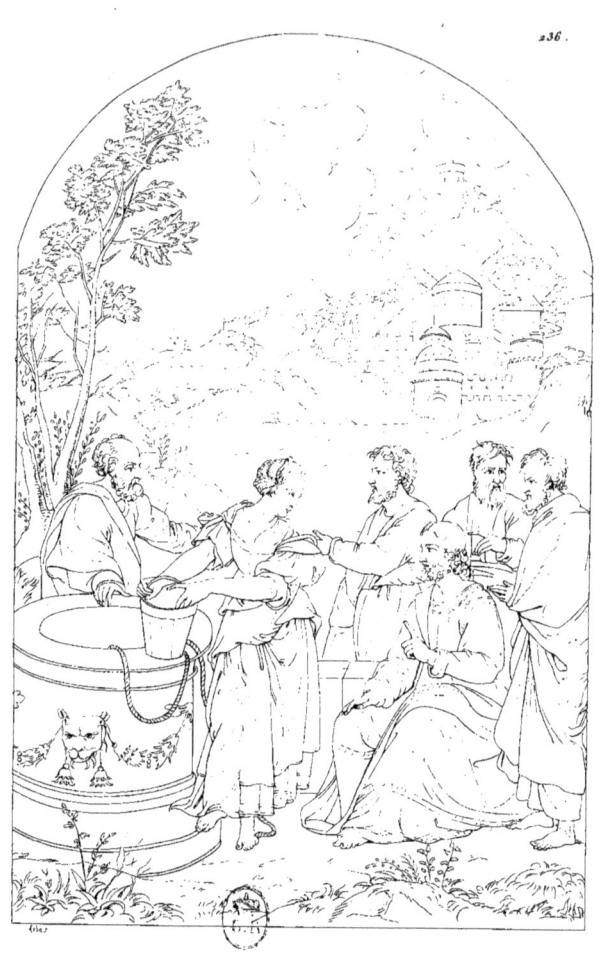

SUITE

DE

LA TABLE DES PLANCHES

DE L'ŒUVRE DE RAPHAËL.

Pl. CXXV. L'Adoration des Mages. Carton composé pour être exécuté en tapisserie, (celle-ci fait partie de la collection du Vatican.) gravé en trois pièces par *P. S. Bartholi; Sébastien Vouillemont.*

Pl. CXXVI. Le Massacre des Innocens. Tapisserie de la même collection. Grav. *Michel Lorello ; Séb. Vouillemont.*

Pl. CXXVII. Le Massacre des Innocens. De la même collection. Grav. *Lorello ; Vouillemont.*

Pl. CXXVIII. Jésus-Christ apparaît a la Madeleine. De la même collection. Grav. *Corneille ; Vouillemont.*

Pl. CXXIX. Les Disciples a Emmaüs. De la même collection. Grav. *Séb. Vouillemont*, 1642 ; *A. Campanella; Lorello; A. Procaccini.*

Pl. CXXX. L'Ascension. De la même collection. Ces tapisseries sont du plus grand style et tiennent le premier rang parmi les compositions de Raphaël ; les figures en sont plus grandes que nature. Grav. *Béatricet*, 1541 ; *Marelli ; Andrea Procaccini.*

Pl. CXXXI. Les Prophètes. Grav. *Château.*

Pl. CXXXII. S. Luc peignant la Vierge et l'Enfant Jésus. Ce tableau est placé à l'Académie des Peintres de Saint-Luc, à Rome. Raphaël, qui s'est peint lui-même dans plusieurs de ses tableaux, s'est représenté dans celui-ci sous la figure du jeune homme qui accompagne l'Evangéliste. Grav. *Bloémart.*

Pl. CXXXIII. Le Triomphe de l'Amour; le Triomphe de Bacchus. Ces deux frises ont été gravées d'après les dessins de Raphaël par *Béatricet,* et par *Augustin Vénitien.*

Pl. CXXXIV. Jeux d'Enfans. Cette composition et les quatre suivantes font partie des tapisseries du Pape. Grav. *Béatricet.*

Pl. CXXXV. Jeux d'Enfans. Autre composition symbolique, dont le sens n'est pas bien connu. Grav. *Id.*

Pl. CXXXVI. Jeux d'Enfans. Cette pièce est connue sous le nom de *Combat entre Eros et Antéros.* Grav. *Id.*

Pl. CXXXVII. Jeux d'Enfans. Autre pièce allégorique dont on n'a pas l'explication. Gr. *Id.*

Pl. CXXXVIII. Jeux d'Enfans. Autre pièce symbolique, et peut-être de pur caprice. Le dé que l'on voit dans le coin, à droite, est la marque du graveur *Béatricet.*

Pl. CXXXIX. Entrée du Cardinal Jean de Médicis a Florence. Dessin du cabinet de M. Denon. C'est la première pensée de Raphaël, qui a traité plus amplement ce sujet, avec des changemens, dans deux tableaux peints en camaïeu, à l'une des cheminées du Vatican, et gravés par *P. S. Bartoli.*

Pl. CXL. Neptune. Au palais de la Farnésine à Rome, ainsi que les deux tableaux suivans. C'est par erreur que l'on a dit précédemment que les trois tableaux n°s 115, 116, et 117 étaient à Rome dans une maison particulière; ils sont avec ceux-ci dans le même palais. Quelques personnes les attribuent non à Raphaël, mais à son école. Ils ont été gravés tous les six, sous le nom du maître, par *C. Ottaviani.*

Pl. CXLI. Achille a Scyros.

Pl. CXLII. Achille reconnu par Ulysse.

Pl. CXLIII. La Sainte Famille. Grav. *Vosterman.*

Pl. CXLIV. La Vierge, l'Enfant Jésus et le petit S. Jean. Dessin du cabinet de M. Rutger. Grav. *B. Picart.*

Pl. CXLV. La Vierge et l'Enfant Jésus. De la collection du duc d'Orléans. Peint sur bois. Hauteur, 2 pieds 4 pouces; largeur, 1 pied 6 pouces. Ce tableau a passé en Angleterre. Grav. *Romanet.*

Pl. CXLVI. La Vierge et l'Enfant Jésus. De la même collection. Peint sur bois. Hauteur, 11 pouces; largeur, 8 pouces 6 lignes. Grav. *Duflos; Huber.*

Pl. CXLVII. La Sainte Famille. Grav. inconnu.

Pl. CXLVIII. La Vierge, l'Enfant Jésus et S. Joseph. De la collection du duc d'Orléans. Ce tableau est maintenant en Angleterre. Il est peint sur toile: 3 pieds 7 pouces de hauteur, sur 2 pieds 8 pouces de largeur. Grav. *Romanet.*

Pl. CXLIX. La Foi; la Charité. Dessin du cabinet de Caylus, gravé par cet amateur. La Charité y est représentée deux fois.

Pl. CL. La Coupe de Joseph trouvée dans le sac de Benjamin. Gravé d'après un dessin par *Bonasone.*

Pl. CLI. L'Annonciation. Grav. inconnu.

Pl. CLII. La Cêne. Dite la pièce des *Pieds,* à cause du grand nombre de pieds que l'on aperçoit au-dessous de la table. Grav. *Marc-Antoine.* Il existe une copie de sa planche.

Pl. CLIII. Jésus assis a la porte du Temple. Grav. *Marc-Antoine; Hugo da Carpi; André Andréani.* Cette pièce est connue sous le titre de *Notre-Dame à l'Escalier.* Quelques amateurs pensent qu'elle représente Marthe conduite à Notre-Seigneur; d'autres, la Madeleine présentée par Marie à Jésus.

Pl. CLIV. Le Christ au Tombeau. L'un des plus beaux tableaux de Raphaël pour la pureté du dessin et la force d'expression. Grav. *Eneas Vicus, Parmæ,* 1548; *Caylus ; Lenoir.*

Pl. CLV. Le Supplice de Marsyas. Grav. *Beatricet ; Bonasone ; Thomassin.*

Pl. CLVI. Silène monté sur son âne, et soutenu par deux Faunes. Grav. *Bonasone.*

Pl. CLVII. Silène mené par deux Satyres devant le roi Midas. Grav. *Bonasone.*

Pl. CLVIII. Alexandre fait placer dans un coffre d'or les Œuvres d'Homère. Selon quelques catalogues, le Tombeau d'Alexandre d'où l'on retire l'Iliade d'Homère ; selon d'autres , les Livres des Sibylles mis dans le tombeau de Numa Pompilius. Grav. *Marc-Antoine ; Bonasone ; Caraglius.*

Pl. CLIX. Portrait de la Maîtresse de Raphael , connu sous le nom d'*Amasia Raphaelis* ou *la Fornarina.* Tiré du palais Barberini, à Rome. Grav. *Dom. Cunego.*

Pl. CLX. Deux Sibylles. Celle de Cumes et celle de Tivoli. Grav. *Marc Antoine.*

Pl. CLXI. Lucrèce. C'est la première pièce gravée d'après Raphaël. Grav. *Marc-Antoine ; Eneas Vicus; Augustin Vénitien.*

Pl. CLXII. La Noblesse ; la Loi ; l'Abondance. Cette planche et les trois suivantes, offrent des figures hiéroglyphiques peintes au Vatican; elles ont été gravées par *Henry Wibert ,* et par *G. Audran.*

Pl. CLXIII. La Vendange; la Navigation; Colonie; Protection.

Pl. CLXIV. La Marine; le Commerce; la Religion; la Paix.

Pl. CLXV. Cariatides.

Pl. CLXVI. Les Constellations ; Saturne. Ces deux sujets, et ceux des planches 167, 168, 169, 170, ont été peints à l'église *della Madona del Popolo ,* à Rome, dans la chapelle de la famille Chigi. Grav. *Dorigny,* à Rome, 1695; *Hiéron. Bloëmart.*

Pl. CLXVII. Jupiter ; Mars.

Pl. CLXVIII. Le Soleil ; Vénus.

Pl. CLXIX. Mercure ; la Lune.

Pl. CLXX. Le Créateur.

Pl. CLXXI. Vénus a Cythère. Elle vient de se baigner. Une colombe est posée sur l'arbre qui ombrage la Déesse. Ce sujet et les dix qui suivent ont été peints dans le cabinet de Jules II, au Vatican. Grav. *Marc-Antoine; Piroli.*

PL. CLXXII. Vénus blessée par Cupidon, qui la rend amoureuse d'Anchise. Grav. *Ravignano; Piroli.*

PL. CLXXIII. Vénus et Anchise. La Déesse, déguisée en nymphe, va trouver Anchise sur le mont Ida. Grav. *Marc-Antoine; Ravignano; Piroli.*

PL. CLXXIV. Lutte de Cupidon et de Pan. Sujet symbolique. Grav. *Piroli.*

PL. CLXXV. Pan et Syrinx. Grav. *Marc-Antoine; Ravignano; Piroli.*

PL. CLXXVI. Galathée sur un monstre marin. Grav. *Marc-Antoine; Sylvestre, de Ravenne; Piroli.*

PL. CLXXVII. La Naissance de Vénus. Grav. *Sylvestre, de Ravenne; Piroli.*

PL. CLXXVIII. La Naissance d'Erechthée. Erechthée naît de la terre attique, tandis que Minerve repousse les caresses de Vulcain. Grav. *Piroli.*

PL. CLXXIX. Cupidon vainqueur des Ames; Cupidon vainqueur de Neptune. Sujets allégoriques, ainsi que les quatre suivans, par lesquels Raphaël a voulu exprimer le pouvoir de l'Amour sur tous les êtres sensibles. Grav. *Piroli; Chapuy.*

PL. CLXXX. Génie des Courses; Cupidon maîtrisant les Testacées. Grav. *Id.*

PL. CLXXXI. Génie des Vendanges; Cupidon maîtrisant les Reptiles. Grav. *Id.*

PL. CLXXXII. Jupiter, accompagné de Junon, va prendre possession du trône céleste. Aucun auteur n'a parlé de cette composition; aucun catalogue n'explique le sujet de la planche originale, gravée d'après un dessin, par *Bonasone.* Mais comme le même artiste a gravé deux autres dessins d'un format à-peu-près semblable, dont l'un représente Jupiter, Neptune et Pluton, encore jeunes, tirant au sort les trois empires de l'univers; l'autre, Neptune prenant possession du char maritime, l'Editeur s'est cru autorisé à donner ainsi l'explication de la planche 182; du moins elle a paru vraisemblable aux amateurs qu'il a consultés à ce sujet.

PL. CLXXXIII. Vénus et l'Amour. Deux sujets gravés par *Marc-Antoine.*

PL. CLXXXIV. L'ECOLE D'ATHÈNES, ou LA PHILOSOPHIE. Peinture
à fresque de l'une des salles du Vatican. (Voyez, pour de plus
amples détails sur ce tableau et sur le tableau suivant) pages 20
et 24 de la Vie de Raphaël). Grav. *Georges Mantouan ; Aquila ;
Thomassin ; Volpato.*

PL. CLXXXV. LA DISPUTE DU SAINT-SACREMENT, ou LA THÉOLO-
GIE. Peinture à fresque, dans la même salle que le tableau ci-
dessus. Les figures de l'un et de l'autre ne sont pas tout-à-fait de
grandeur naturelle. La disposition symmétrique des lignes et des
groupes de cet admirable tableau a été généralement regardée
comme un défaut, et semble en effet rappeler le style gothique;
mais loin de nuire dans un semblable sujet, n'ajoute-t-elle pas en
cette occasion à la dignité de la scène, qui est du caractère le plus im-
posant et le plus majestueux ? Un aussi grand peintre que Raphaël
ne pouvait se méprendre sur la manière la plus convenable de dis-
poser son ensemble; et ce n'est pas sans raison qu'il passe pour
avoir possédé au plus haut degré la noblesse et la grace de la composition : on peut s'en convaincre sur-tout à l'aspect de la planche
précédente; elle rappelle un tableau qui, sous ce rapport, est cité
comme le chef-d'œuvre de la peinture.

Le tableau de *la Dispute du Saint-Sacrement* est remarquable
par le grandiose et l'originalité des attitudes , le beau style des
draperies, la force des expressions, et par cette naïveté sublime
qu'on trouve si rarement, même dans les plus belles productions
de l'art. On y reconnaît , ainsi que dans le tableau précédent, les
portraits de plusieurs personnages éminens, contemporains de l'artiste, qui leur a donné ce témoignage de gratitude ou d'attachement.
Grav. *Id.*

PL. CLXXXVI. DONATION FAITE A L'EGLISE PAR CONSTANTIN. Tableau du Vatican, peint à fresque par Jules-Romain , d'après le
dessin de Raphaël. Grav. *Aquila;* et un autre dont le nom n'est pas
connu.

PL. CLXXXVII. LES SIBYLLES. Tableau peint à fresque dans l'église
de Sainte-Marie de la Paix à Rome. La Sibylle qui écrit est celle
de Perse ; près d'elle est celle de Cumes ; de l'autre côté est celle de
Phrygie ; la plus âgée est la Sibylle Tiburtine. Gr. *Volpato;* 1772.

Pl. CLXXXVIII. Le Jugement de Paris. Grav. *Marc - Antoine ; Caraglius.*

Pl. CLXXXIX. Cette planche et les douze qui suivent représentent divers traits ou allégories rélatifs à l'histoire de Psyché, et forment une suite connue sous le nom de *Peintures du palais Chigi*, ou de *la Farnésine* à Rome. Elles sont exécutées au plafond. (Voyez page 32 de la Vie de Raphaël). Premier sujet de la planche 189 : Vénus réclame auprès de Jupiter le secours de Mercure ; deuxième sujet : Psyché porte a Vénus la phiole remplie de l'eau du Styx. Grav. *Dorigny ; Perrier ; Juster.*

Pl. CXC. Vénus va chercher Psyché jusque dans les cieux. Vénus s'éloigne de Junon et de Cérès. Grav. *Id.*

Pl. CXCI. Jupiter console l'Amour. Psyché remet a Vénus la boîte de Proserpine. Grav. *Id.*

Pl. CXCII. Mercure transporte Psyché dans l'Olympe. Cupidon montre aux Graces Psyché, dont il est épris. Grav. *Id.*

Pl. CXCIII. Mercure part pour convoquer les Dieux. Vénus ordonne a son fils de la venger de Psyché. Grav. *Id.* Marc - Antoine a gravé trois pièces d'une partie de cette suite : la première, de la planche 191 ; la deuxième, de la planche 192 ; et la troisième, de la planche 193.

Pl. CXCIV. Apothéose de Psyché. Les Noces de Psyché. Grav. *Dorigny ; Perrier.*

Pl. CXCV. Attributs de l'Amour. Attributs de Jupiter. Grav. *Dorigny ; Audran ; Juster.*

Pl. CXCVI. Attributs de Pluton. Attributs de Neptune. Grav. *Id.*

Pl. CXCVII. Attributs de Mars. Attributs d'Apollon. Grav. *Idem.*

Pl. CXCVIII. Attributs de Bacchus. Attributs de Mercure. Grav. *Id.*

Pl. CXCIX. Attributs de Pan. Cupidon vainqueur des Héros, Grav. *Id.*

Pl. CC. Attributs de Jupiter-Ammon. Attributs d'Hercule. Grav. *Id.*

Pl. CCI. Attributs de Vulcain. L'Amour vainqueur des Monstres. Grav. *Id.*

Pl. CCII. Vénus et l'Amour. Médée. Cette planche et la suivante représentent quatre camées du Vatican. Grav. *Pietro Sante Bartoli.*

Pl. CCIII. Deux sujets de Vénus et l'Amour. Grav. *Id.*

Pl. CCIV. Les deux sujets de cette planche représentent, selon les uns, Vénus; selon les autres, Psyché. Grav. *Augustin Vénitien.*

Pl. CCV. Offrande. Alliance. Camées du Vatican. Grav. *Pietro Sante Bartoli.*

Pl. CCVI. Jupiter, Mars et Minerve. La Renommée et la Victoire. Camées du Vatican. Grav. *Id.*

Pl. CCVII. Jupiter s'entretenant avec une Déesse. Le Repos de Bacchus. Camées du Vatican. Grav. *Id.*

Pl. CCVIII. Deux sujets de Divinités allégoriques. Grav. *Id.*

Pl. CCIX. Deux sujets du genre de la planche précédente. Grav. *Id.*

Pl. CCX. Un Faune faisant danser des Nymphes. Gr. *Eneas Vicus.*

Pl. CCXI. Danseuse et Joueurs d'instrumens. Grav. *Eneas Vicus, Augustin Vénitien.*

Pl. CCXII. L'Amour poète, et Mnémosyne, mère des Muses. Grav. *Pietro Sante Bartoli ; Gérard Audran.*

Pl. CCXIII. Une Nymphe, un Satyre et l'Amour. Gr. *Bonasone.*

Pl. CCXIV. Vénus et l'Amour. Grav. *Marc-Antoine ; Albert Durer.* Portrait de Raphael. Grav. *Marc-Antoine.*

Pl. CCXV. Le Christ au Tombeau. De la collection d'Arondel. Grav. *Lucas Vosterman,* 1623; *Eneas Vicus,* 1543; *Larmessin; Henricus Vander Borcht junior,* 1645.

Pl. CCXVI. J. C. portant sa croix. Tableau de la galerie d'Orléans, peint sur bois; largeur, 23 pouces; hauteur, 7 pouces et demi. Grav. *Nicolas de Larmessin.*

Pl. CCXVII. Portrait de Jules II. Tableau du palais Pitti, à Florence, maintenant au Musée-Napoléon. Grav. *Chataigner.* Etude au crayon pour le fameux tableau de la Sainte-Famille; dessin de la collection du même Musée, avec une inscription qui indique que Raphaël dessina ce croquis d'après sa maîtresse. Inédit.

Pl. CCXVIII. Amours jouant avec une Lionne et un Lionceau. Grav. inconnu.

Pl. CCXIX. Danse des Amours. Dessin gravé par *Marc-Antoine*. Il en existe plusieurs copies par des graveurs anonymes.

Pl. CCXX. Etude du même genre que le précédent. Du cabinet de M. Roger-Lagoy, gravé à l'eau forte par cet amateur.

Pl. CCXXI. La Coupe de Joseph trouvée dans le Sac de Benjamin. Dessin du cabinet du roi. Gravé à l'eau-forte par *Caylus*.

Pl. CCXXII. L'Adoration des Bergers. Grav. *Corneille Bloëmart; Franco; Vallet; autre graveur anonyme*. Dans quelques-unes de ces estampes on voit le portrait de Raphaël en médaillon, suspendu à la colonne à droite, quoiqu'elle n'existe pas dans la composition originale.

Pl. CCXXIII. La Naissance de S. Jean-Baptiste. Grav. *anonyme*.

Pl. CCXXIV. L'Adoration des Bergers. Grav. *Bonasone; Léon Davis*.

Pl. CCXXV. La Sainte-Famille. Grav. *anonyme*.

Pl. CCXXVI. J. C. en prières au Jardin des Olives. Tableau de la galerie d'Orléans, peint sur bois. Hauteur, 9 pouces; largeur, 10 pouces. Grav. *Ch. Flipart*.

Pl. CCXXVII. Le Christ au Tombeau. Grav. *Marc-Antoine*, dont la planche a été copiée par *Vierix*, et par d'autres graveurs anonymes.

Pl. CCXXVIII. Trois dessins de Sainte-Famille. Du cabinet de M. Roger-Lagoy, gravés par cet amateur.

Pl. CCXXIX. La Vierge, l'Enfant Jésus et S. Jean-Baptiste. La Vierge et l'Enfant Jésus. Dessins du même cabinet, gravés par le même.

Pl. CCXXX. La Vierge et l'Enfant Jésus, entourés d'Anges et portés sur des nuages. Grav. *Marc-Antoine; Vierix*, et deux anonymes.

Pl. CCXXXI. La Fuite en Egypte. Grav. *anonyme*.

Pl. CCXXXII. L'Incrédulité de S. Thomas. Dessin. Grav. *Caylus*.

Pl. CCXXXIII. La Descente de Croix. Grav. *Marc-Antoine*. Il en existe une gravure en clair-obscur, par *Ugo da Carpi*, et une autre copie en taille-douce.

Pl. CCXXXIV. La Pêche miraculeuse. Dessin gravé par *Léon Davis*.

Pl. CCXXXV. Jésus opérant des Miracles. Grav. *Franco*.

Pl. CCXXXVI. La Samaritaine. Grav. *Pietro Sante Bartoli*.

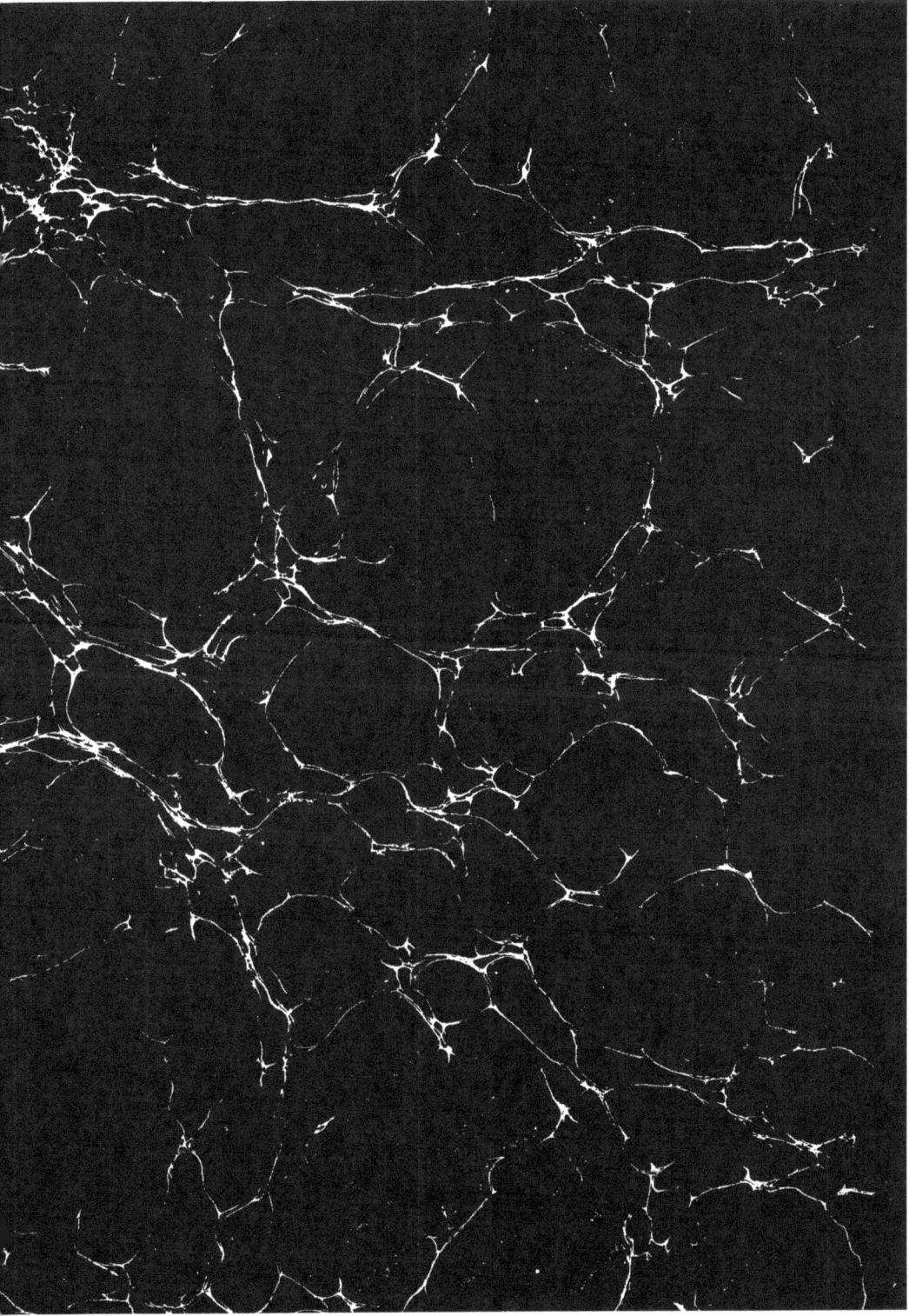

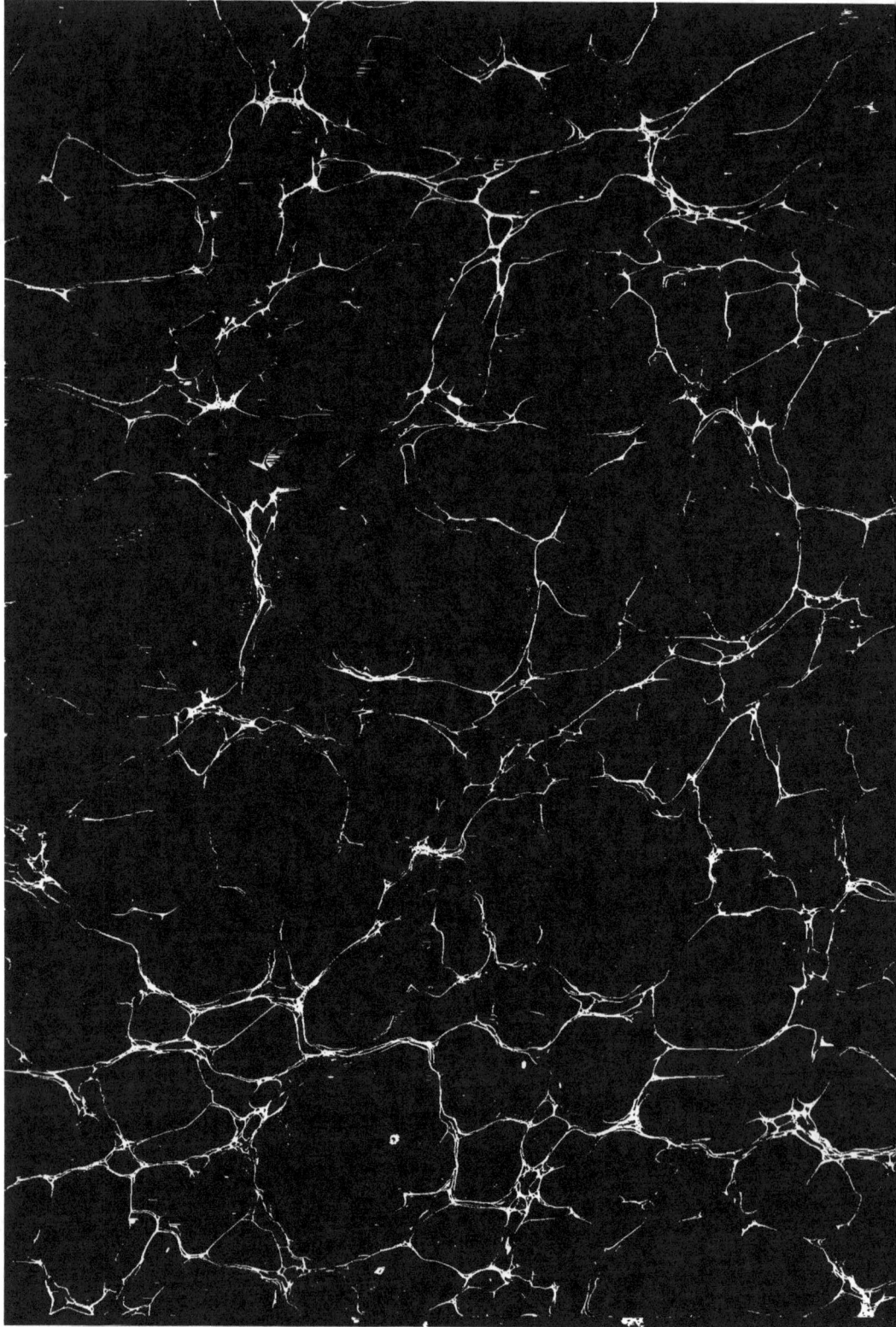

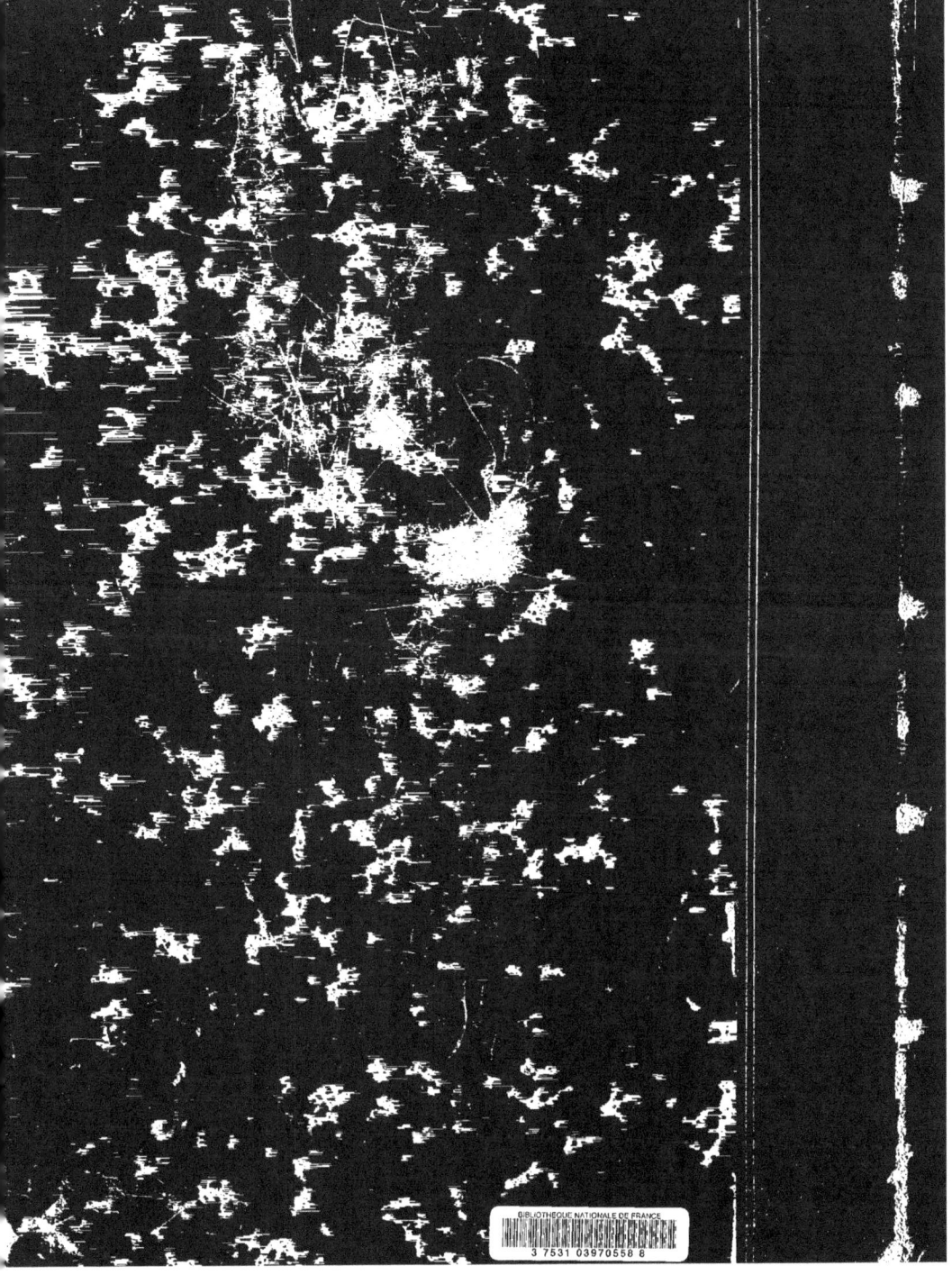

www.ingramcontent.com/pod-product-compliance
Lightning Source LLC
Chambersburg PA
CBHW071633220526
45469CB00002B/600

* 9 7 8 2 0 1 2 7 8 0 0 7 1 *